游祥禾

每天練習
成為更好的自己

只有承認自己的無知與錯誤，
才是內心力量最強大的人

目錄

主題三

主題八 目標設定，啟動成功密碼

☑

一旦定義，就會帶來意義。

所有的誤解，都是從彼此的定義不同開始。

定義才會帶來意義，沒有定義，沒有意義。

我們在跟他人聊天對話的過程中，往往不會先對這些對話下定義，於是在彼此認知結構不同下，各自解讀對話內容，最後變成誤會一場。

「這是一顆好吃的蘋果，你一定要多買幾顆！」我們通常不會為這個「好吃的蘋果」下定義，所以你覺得好吃、我覺得不好吃，她覺得很甜、另一個人覺得很酸。明明我們是在探討同一顆蘋果，為何有這麼大的落差？

「我覺得這個女的很糟，我不喜歡這個女的。」你說完這句話之後，我們沒有再繼續聊下去，只因為你是我的好朋友，你說你不喜歡這女的，於是我也不喜歡了。但「不喜歡」的定義是什麼？既然我們是好兄弟、好閨蜜，好像也不需要討論了，這句話對我的意義，就是我也不喜歡這個女的。

「我想成功！」大家都這麼想，於是許多人去上一堆激勵自己成功的課程，但到底什麼是成功？我問了很多上了許許多多課程的學生，「你們追求的成功是什麼？」

起初，他們很開心跟我分享上課後的感動，覺得自己離成功更近了一步。但繼續追問下去，他們對於「成功」的定義似乎沒有多具體的概念，「嗯……賺更多的錢吧！」這樣的定義，注定為他們人生帶來的意義就是：「沒有賺到更多錢，就注定是個失敗者。」

「你們女人就是不懂啦」、「你們男生才不懂」……，到底是不懂什麼？我們都沒有為這個「不懂」下定義，因為我們不會刻意去探討一般對話中的名詞定義，都用自己過去的理解，主觀的認定一切。

其實「意義」是一個外在世界，就好像是我們終其一生想要去追尋的，我們遵循著某個概念往前，卻不清楚到底在堅持著什麼，望文生義、牽強附會，最後隨波逐流。

「意義」是一個外在世界的主流，百家爭鳴，各吹各的調，信我者得永生。

「定義」是一個內在世界的探索，深入挖掘，成為生活中的哲學信仰與價值。

這個社會每一天都會發生很多事情，但我們從來沒有養成為這些事情下定義的習慣，讓這些複雜、龐大的信息不斷湧入，任由這些事件的意義淹沒我們，多麼危險。

各行各業優秀的人才都覺得自己是最厲害的，他們都向群眾宣揚著：「只有跟著我才會成功，跟其他人是沒用的。」這就是百家爭鳴。所以現代會有這麼多新興宗教、心靈團體、創造財富等等的組織，他們的語言、宣傳的文案都相當吸引人，那些都是給我們的心智頭腦看的，全都是嗜血，挑動著我們每一根神經的極限，勾起我們每個人的欲望，讓我們趨之若鶩，而我們還以為這些東西就是我們的意義。

定義，談的是認知。你是怎麼想這一件事情？因為你這麼想了，才會這麼說、這麼做。它是一個經過思考的過程，你會去研究這件事情的原委，最後才成為你的信念，變成你人生追尋的價值，這樣才能為你帶來意義。所以，**每一個出現在你生命中的意義，不論是你接受或不接受的，都是經過你定義後允許的。**

我覺得這個女的很懶，你覺得那個男的很糟，在這種想法出現後，我們會開始找出他們符合我們覺得所謂「懶」或「糟」的部分，以證明自己是對的。那麼懶是什麼意思？糟又是什麼意思呢？

你覺得那個男的很糟，我不覺得糟啊，你看他事業有成，很成功啊！但你就是覺得他是一個對家庭不負責任、很失敗的男人。

我們透過各自的方式替某個人事物下定義，而這個定義帶來的結果就是意義。意義是結果，定義是原因。但我們通常都沒有找出原因；沒有原因，認知就不會一致，所以在認知結構不同的情況下，一群人還可以完成史上無敵的溝通，真的好厲害。**你可以看到，一群人聚在一起討論某個議題，講了幾個小時，沒有人意識到他們在定義上並沒有共識，他們還可以一直聊下去**。

很多業務努力爭取業績，但到最後才發現客戶不買單，心裡焦急著：「這下回去該怎麼跟老闆交代才好？」客戶一開始就表明沒有意願了，是自己一廂情願，沒有聽清楚客戶的聲音。

客戶說這個產品很棒、很好，但是他從頭到尾都沒有說要買啊！業務很開心的回去跟主管報告進度，說客戶會買，這真的是大錯特錯了。對話背後所隱藏的認知結構差異，會創造出一種昨是今非的感受，你覺得客戶騙你，但你並沒有受騙，而是你沒去定義他說話的意義。客戶覺得這東西很好用，好用是什麼意思？他說「好用」，是指東西還不錯，如果有需要也有預算，就會考慮購買；但你的「好用」是意味著他現在就要買。

很多人喜歡來問我：「這個男的可以嫁嗎？」「這個女的可以娶嗎？」「如果不好的話我就不要嫁娶了。」這真是太好笑了，我反問當事人：「什麼是好，什麼又是不好？」你相信嗎？大多數的當事人，竟對這問題答不上來。他們只知道要好，但什麼好、怎麼好，自己也沒有一個標準。是要最漂亮的？最帥的？身材最好的？家裡有錢的？會幫你打點生活細節的？還是回到家能做傭人的？是會聽你使喚的？還是會幫你照顧爸媽的？是能生小孩的就好？還是可以讓我結婚之後不用上班的？

問他們：「到底你所謂的好，是哪一種呢？」你通常聽到的回應都是：「可以的話，條件都符合是最好的了。」

你對自己的終身大事都這麼不清不楚，抱著如此輕忽的心態，沒有認真去定義你所想要的，就跑來問我：「這個真的好嗎？」我不知道怎麼回答你才對，因為你的「好」跟我的「好」，很可能是完全不一樣的。

許多女生去算命，算命師跟她講某一個男人最好，可以嫁，因此嫁給這個男人。後來你卻跑去找算命師理論，生氣的說：「你為什麼要騙我？你知道這個男的有多糟糕嗎？這個也不會，那個也不會，又窩囊得要命，一點都不成才。」算命師很無奈的說：「我沒騙你啊，這個男的威猛、居家、又孝順，還很聽媽媽的話，這樣的男人難道不好嗎？」

你怎麼定義，就為你帶來什麼意義。

還沒下定義就自行解讀，傻傻認識不清。你跟主管說，今天拜訪了三個客戶，他們都要買公司的產品，主管聽了也好興奮。隔天你帶了合約跟產品過去找客戶，客戶驚訝不已的問：「我有說要買嗎？我只說這個東西很好。」你反問：「很好不就是要買的意思嗎？」「誰說的，很好就是很好，就只是這樣而已。」像這樣的誤解層出不窮，你的生命就是這樣浪費掉的。

這一切都是定義的問題，沒去定義都沒事，一旦下了定義就是貼上了標籤。標籤不一定不好，從對標籤的認知，便可以得知原來我們就是這麼在定義每一件事情。讓我們歡喜，讓我們憂的，全都是標籤出了問題。也就是在定義的環節上，過去經歷了什麼，我們的思言行就會如此外顯出來。

因為你已經定義了它，就會帶來定義所產生的意義，好與不好，都要自己承受，全部都是被我們自己定義出來的。

曾經有一個女學生，她跟我說，她必須同時有很多個男生陪伴才有安全感，她最多同時與九個男生交往。吃飯一個、看電影一個、逛街一個、接送一個、半夜陪伴她聊天又是另外一個，反正隨時隨地都可以找到對象陪伴。

由於她原生家庭不幸福，以及後來經驗的教訓，她將全天下的男人貼上了標籤——動物、衝動、奴性、犯賤、沒用、沒水準、愛說謊。但是她也因為這樣的定義，覺得人生一點意義都沒有，也不快樂。她感慨：「為什麼天下男人都一個樣？」因為定義出了問題。我們如果沒辦法看清楚自己是如何定義每個人事物，就容易在生活中迷失，找不到自己。

定義，讓我們開始與外在世界有了接觸，開始對大千世界的一切有了感覺。在還未定義它之前，我們不會有任何的感覺，是定義，讓我們相信某些眼前的東西是真實的。於是我們理所當然會這麼想，也認為這就是一件再真實不過的事情；我們理所當然的這麼相信，也開始經歷腦袋信以為真的所有定義。

我們難免都會失落、恐懼、悲傷，但你為什麼會有這些感覺？是因為眼前的經歷嗎？當然是，但更正確的說法是，**你腦袋裡的某種信念，讓你對眼前的經歷有了如此的感覺；也就是你的定義，你把它當成信念一樣，堅定不移的供奉著。如果不是那些定義，你不會有那些感覺。**下次，當你又開始感覺不舒服的時候，第一時間要想到，這個不舒服的感覺，不是現在你脾氣上來的原因，背後還有一個始作俑者——定義，也就是你長期都沒去意識的信念。

如果你將每一件事情都定義成美好喜悅，你就比較不會憤怒焦慮，**你定義了什麼，你的腦袋就會感覺到經歷了什麼。**每一天都有不同的感覺、不同的事件，在在提醒我們去奉行我們的信念，每一個感覺都不是事件本身，全是定義的問題，端看我們把它定義為享受還是難受。很多時候，應該謝謝這些外在的刺激讓我們有了這些感覺，才知道，原來生命當中還有這麼多不為我們所知的信念，我們才能透過這些感受，去發覺到這些存在於意識背後的定義。

我們都喜歡將自己的信念強加於他人，不管對方要不要，他就是得收下。就像我們身上的信念，不也都是從父母、朋友、同事及整個社會而來的嗎？我們嘴巴上說不要，可是腦袋卻照單全收，最後成為了我們的信念，但那些不全然是我們自身的。我們內在的信念正在與外來的信念對抗著、衝突著，這都讓我們虛脫無力、不協調。

釋放並丟棄這些原本不屬於我們的信念，我們才不會到處亂貼標籤。去意識這不是我要的，這些全都是除了我以外的所有人要的，你就會明白自己的不開心、不快樂來自於何處。

「我以後想要……」只是意義，你還沒定義這些想要。

回來談談關於人生目標，目標是意義，我們必須將這些目標「定義」出來，不然無法落實執行。

有個小孩說，長大後要跟爸爸一樣，這位爸爸神色得意，驕傲自己讓孩子崇拜著，但媽媽在旁邊聽了卻一臉不可置信。我問這個孩子：「你想要跟爸爸一樣什麼呢？」小孩直覺的說：「我要跟爸爸一樣，不用上班，每天都在家睡覺、打電動。」

這是個全靠媽媽在工作賺錢養家的家庭，媽媽外出工作，小孩把爸爸當偶像，大概覺得，長大後娶一個像媽媽這麼會工作賺錢的老婆就好了。這孩子不知道要到幾歲之後才會發現自己的認知跟別人不一樣，這樣的定義成了孩子的信念，他只對會工作賺錢的女人有感覺，而他或許從來沒有發覺自己的價值觀，被長期建立起來的信念給框限了。

問問自己：「我的人生目標是什麼？」如果你想要很有錢，那很好啊，我也希望能賺很多錢，但是你還是要先從定義開始——多少錢才是多？

這是一本以人生目標為導向的書，想要實現外在的一切，內在必須及早改變，外在才能跟著發生作用。有太多人對自己的人生目標有著極大的憧憬，但我得說，這些憧憬背後全是極度不明顯的定義。**定義不清不楚，只會讓人生停滯不前**。

「我以後會有錢嗎？」

「有錢是要多有錢？如果你真的這麼想要有錢，可以去做業務、去創業啊。」

「喔，我沒有要做業務喔，那太累了，我更不可能創業，那風險太高了。」

「那你想要很有錢是什麼意思？」

「就是可以提早退休不用上班，然後可以環遊世界，這樣我就滿足了。」

這就是多數人，為了一個「很有意義的人生目標」感到開心與期待，卻沒有先定義這個值得期待的意義是否會實現。羨慕別人有錢，可是不想那麼辛苦，這不就像期望著有天走在路上，可以被金幣砸到一樣嗎？嘴巴上喊著說：「我不怕辛苦！」結果你看，一群人整天不知道在幹嘛，就是不做事，這樣人生能有什麼意義？人生目標是意義，想有多美好就有多美好，但請你先為這些人生目標下定義。

定義了這件事情，它才會真真實實的成為你的信念，你才會對外在世界的事情有感覺，有了感覺，意味著你正在經歷它。你說你要很有錢，很棒，這已經為你帶來了意義，但你還是沒有定義。沒有定義，你就無法經歷「很有錢」的這個感覺，所以這個「很有錢的感覺」會永遠與你擦身而過。

這只是一個無效的意義，假的。請你定義什麼叫作有錢，你到底要多少錢？請訂出一個金額，在這個金額的概念下，你才會去正視面對眼前的工作、投資，是否能夠達到你理想中的那個金額。

我們終究欺騙了自己，戲弄了自己，說的和想的不太一樣，說要成為有錢人，但從沒認真去定義過它，嘴上說說的東西，不會帶來強烈的信念。於是當機會真的來到你的眼前，**只有經大腦定義後的信念，才會認定是真實並且接受的，所以多數人會一直感覺不到機會的存在。**

你被自己騙了！你成天喊著要成為有錢人、要天天開心、要嫁好老公、要娶好老婆、要生活過得很好……，這些全都是名詞，然而這些名詞對你來說並無實質意義，因為你從未認真定義它。

我要成為有錢人，就是一個月賺一百萬；我要天天開心，就是不會有太多情緒起伏、不會有太多煩惱；我要老公對我很好，就是老公每個月都給我一定數目的金錢，或者會煮晚餐給我吃。沒有定義，就沒有信念；沒有信念，就不會有感覺。於是你不會產生任何的行動，所以外在實相的樣貌早已可想而知，根本不會令人期待。

夢想必須清楚定義，大腦才會當一回事的去執行。

看看有多少人每天在催眠自己，每天向神明許願，認為心懷善念一定會有好報，但最後又生氣的說神明都是騙人的，不然為何始終活在悲慘世界？因為沒有去清楚的定義，都在自由的聯想，空空洞洞，沒有畫面。

我常常看到人們心滿意足的表情，我問他：「你在開心什麼？」他說：「算命的說我以後會很有錢。」我再問：「很有錢，是多有錢啊？」他卻說不出個所以然。連「很有錢」的數字概念都沒有，也能這麼開心？作個爽夢能為你的人生帶來什麼意義？你覺得你的大腦被你這樣開心一笑，就會當真嗎？這樣的行為根本無法騙過你的心智頭腦，最後你的心智會跟身體聯盟。殊不知你的頭腦早已經跟手腳合作多年——太熱了不要出門、下雨了要休息——你的眼、耳、鼻、舌、身集體聯盟控制你全身，我們被身體五感加上大腦所控制，成為現在的自己，我們一點都沒覺察出來。

為什麼這麼多人可以長期忍受自己處在這樣模糊的狀態？一旦你的想法不夠堅定，無法成為你的信念時，你腦海中的畫面就不會紮實，持續力就不會持久。

員工想要離職，說他不想上班了，好辛苦又看不到未來。其實，「太辛苦」是結果不是原因，主管認為員工已經說出離職的原因，但那不是原因，是你沒有聽出這句話背後的定義；如果這位主管想要留住這名員工，根據員工表面上的離職原因來勸說，就會跟他說：「辛苦是應該的啊，你現在不辛苦，以後一輩子只會更辛苦啊。」

我的天啊！請這種主管行行好，你知道這是在謀殺他、逼他走嗎？因為你沒有同理他，你沒有認同他，你對他的認知完全不加理會，你沒有好好思考他為什麼會說出這樣的話。員工提離職的說詞是他想離職的結果，我們要找出，到底是什麼原因導致這樣的結果？這原因就是定義，它導致了員工離職的結果。

辛苦的意思是什麼？是因為要拜訪很多人？是業績的壓力？是沒有賺到錢？同事之間的相處有問題？知道定義才能解決問題。你的辛苦跟我的辛苦是不一樣的。好不容易請到一個願意跟我們一起圓夢的夥伴，當他發出訊號時，我們沒有認真看待、同理、解讀，還讓兩人莫名其妙的對話，成為最後一根稻草，壓垮他所有留下來繼續共同奮鬥的可能。之後你感嘆：「現在的年輕人都吃不了苦啊！」在你跟他的對話過程中，你好像沒有討論到吃苦的定義，但他離開之後，你用這名員工吃不了苦的罪名讓他再死一次。

有一個快九十歲的奶奶，她要自己開車將近一千公里來聽我演講，還說要帶著她的曾曾曾孫子一起來。我聽到這個消息後，跟奶奶說：「您不用過來，我過去。」連這樣年紀的人都希望讓自己更好，更何況正值青春的我們？

我們誰不是懷抱夢想，在追逐夢想的旅程中，我們都崩潰過、哭泣過、難受過，或許你已經過了那個階段，或許你正在經歷。徬徨中不知道要走到哪裡去，你覺得好累，快走不下去了。尤其當你面對婚姻、事業、人際關係、經濟來源的壓力時，總是辛苦追逐，卻怎麼都追不到。

去定義吧！去重新定義你的夢想，你會發現，原來更多時候我們是用想的在築夢。你到底要什麼？目標清楚明確嗎？找到答案之後，再問問自己，為什麼會是這個答案。反覆思考這個答案，並透過它去找到你的定義。發現你內心深處最堅定的信念，你的大腦才會當一回事的去執行。

過去我的人生意義就是我太迫切渴望成功了，可是不知道為什麼，我永遠都成功不了，我的人生好像被詛咒了。我試了所有的方法，找了所有的人，不管到哪裡，我好像就是注定失敗。我不知道我怎麼了，怎麼就有考驗不完的關卡，老天爺到底要給我什麼樣的功課？我的日子過不下去了，我難道只能拉著行李，一個城市接著一個城市走下去嗎？我明明想回家，卻離家越來越遠了。

我後來明白，我為什麼這麼悲慘，一切全都出在定義上，是我讓我自己吃盡苦頭的啊！

你有多想成功？或許你根本不知道，自己對於成功的定義有多麼模糊。

「我最喜歡做的事情就是與人對話，為什麼我不能繼續做我想做的事情呢？我為什麼要被這個社會如此無情的打擊、考驗，覺得自己一無是處呢？」當我認知到這一點的那一刻起，我開始為發生在眼前的所有事件，下了一個定義──**所有的事情、所有的考驗都會過去，這些事情在我的夢想之下根本不算什麼，我不僅不會被這些事情所定義，我還會重新定義它，並教人認知它。**

很神奇的是，當我翻轉了定義與被定義的位置後，我的定義開始在內心潛移默化，為生命帶來新的意義。

「定義」是如此重要，有了定義，就開始有了認知，認知讓我們相信某些東西，進而成了信念，自然而然，內心少了許多恐懼。

千計萬算才發現，人生永遠處在一個不確定的系統中。

我是不是該結婚？該不該生小孩？是不是該離職？為什麼老公會這樣？老婆會那樣？爸媽為什麼這樣對我？主管怎麼會是這樣的人？到底要不要嫁給他？要去哪一家公司上班才好？跟誰合夥做生意比較有利？午休時間去哪一家餐館用餐？

這些問題全都是不確定的狀態，這時必須帶入一些哲學的思考，不能只透過工具來解決。因為，既然是不確定的，就沒有標準答案，就得借助哲學協助我們，在不確定的系統中找到最大的可能。哲學的目的，是要讓你把過去所學的知識變得越來越少，如果能忘光光更好。我們整個世界就是一個不確定的系統，既然我們都知道現在面對的一切都是不確定性的，我們卻還是一心一意冀望透過任何工具、方法、策略找到答案。

這個世界上本來就沒有什麼事情是絕對的，只要是不確定的系統，就要帶入一些哲學的思考。

很多人在面對問題的時候，一定要分出對錯，一定要有標準答案。我總是建議這些朋友，你一定要去學科學，因為科學有成千上萬的工具，協助你找到想要的答案。但明明答案只有一個，又何必透過成千上萬的工具來找到這唯一的答案呢？

這就是人生，永遠沒有標準答案。若將科學的思維套用在這不確定的環境裡，必定找不到答案，這樣不但沒有讓我們變得更好，反而更糟。

如果你有員工想要離職了，你可能會自信滿滿的說：「來，我這裡有一本《用這十招留住員工》的手冊。」你照著這些科學方法，竭盡所能的想要把人才留下，不過，人就是一個不確定的系統，用再多的科學，最終還是得不到我們想要的結果，員工還是離職了。

很多時候，我們在生活上必須要有一些哲學思考，那麼到底哲學思考是什麼？

「接受認同、沒有對錯、送出祝福。」

員工要離職時，我們會在第一時間透過科學的方法，採取「徵、選、育、用、留」幾大招來留住人才，但通常此時員工心意已決，這些方法統統都不管用。試想，企業花了無數的資源、金錢、時間，在這些根本不確定的系統上。人就是一個不確定性，他想離職了，心裡不舒服了，這些工具怎麼可能還管用呢？當你有了哲學的思考，你會開始學會，接受這些發生在眼前的事，並祝福對方。

工具沒問題，是人有問題。人與所處的環境都是不確定的系統，如果我們沒有哲學思想的概念基礎，就無法全然接受發生在眼前的每一件事，你不能接受，心就打不開，心打不開，就不能放下，不認同，就無法送出祝福，就會痛苦。

哲學沒辦法替你強化那些你認為很確定的知識，那些你一天到晚拿來要求他人或要求自己應該、必須的知識。在哲學的世界裡，這些知識其實不懂也罷。因為哲學本來就沒有標準答案，它從來不會去規範人，或在旁邊下指導棋，確證鑿鑿的告訴你怎麼樣才是對的。

如何將哲學思考落實在生活中？把你原本確信是對的東西、可以滿足你自己腦袋的那些答案，變得越來越少，少到你甚至無法確定任何事物的是非對錯。夠了嗎？還可以再更少，少到你原本藉以認識世界的知識，都開始動搖了。

人們汲汲營營，追求知識，一心想要求得答案與真相，這時我就會建議他去學科學。但為什麼我們的人生還是痛苦的？生命意義到底是什麼？我們為什麼還是難以承受？為什麼情緒還是無法控制？怎麼我的人際關係出了這麼大的問題？我該怎麼做才能讓他人聽話服從？

原來這些不確定的選項根本沒有標準答案與真相，我們喜歡透過科學去解決這些問題，但往往只會弄得更糟。

一般人沒有哲學思考的訓練，很難跳脫生命中這些不確定的狀況，只會一直向外求。用這種知識不行，再換另一種知識，我們花更多的時間在訓練自己越來越鑽牛角尖。我們所學的知識，沒有一樣是教你好好去思考自己怎麼了，所以我們不懂怎麼去發現自己的問題。**我們喜歡去解決問題，但我們沒有被教育到，自己本身就是個問題。**

我們的定義，決定了我們的感受。

凡事都是中立的。

大多數人在第一時間的反應都是這樣，是眼前發生的事情使我們難受。當我們感到憤怒、焦慮、受挫或沮喪時，我們無法控制情緒，我們傾向於認為並理解成，是別人造成了我們這樣的感受，於是我們會去責怪這個處境，都是這些人造成我現在不舒服的感受；頭腦為了讓主人覺得舒服，所以一切都必須是別人的錯，責怪當下眼前所有的人事物，心情就舒坦多了。

這樣子錯了嗎？當然沒錯，因為一直以來，我們都是這樣處理事情，所以我們認為這樣是對的。其實讓我們情緒失控的，並不是外界的人和事情，它們只不過提供了一個刺激管道。是我們的定義，決定了我們的感受。

我們都會有情緒失控的時候，我生氣了、我憤怒了、我覺得我受到挫折、遭到攻擊、遇到了阻礙……。在事件發生之前，我們早已經先這麼定義了，如果沒有試著去重新定義這個事件，下一次遇到類似的情況，我們只會有相同的情緒反應、再一次有相同的感受、重複經歷這樣的傷痛。

訓練腦袋思考這個公式：

A——人或事，引發反應的情況，從外在透過他人所引起。

B——觀念，我們對某種情況的定義與認知，由自己內在發起。

C——結果，我們的感受、情緒與行為。

A怎麼可以說這樣的話，怎麼可以對我做這樣的事情，怎麼會這樣子呢？我不能接受現在發生在眼前的所有事件，怎麼會有這麼扯的人或事情？你想著怎麼會有這麼荒謬的人事物，於是你不自覺的開始不喜歡某些人或某些事情。

因為這個事件，C意味的結果就是，我們的感受就是不爽、不舒服、生氣，我們會開始做出攻擊或選擇沉默等等加入戰局或逃離現場的行為。

我們現在回過來反推這個公式，當你在生氣的時候（C），你覺得怎麼有這麼討厭的人、怎麼會發生這件事情呢（A）？你有沒有發現，沒有人在思考B耶，B從事件發生到結束、從頭到尾都不存在於我們的腦袋裡。

怎麼會有這麼討厭的人啊？你為什麼覺得A這麼討厭呢？你到底為這件事情下了什麼定義呢？你是怎麼定義A的呢？我們在理解每一個狀況時，通常不會想到B有問題，只會因為此時此刻的感受C，所以兇手就是眼前的A。

怎麼可能會是我有問題，所以B當然沒問題，我的觀念、定義、認知都是對的，所以一定是A的問題。

在團隊裡面，爭吵不休的紛擾是非，每一個A都是讓人跳腳氣憤的主因，但我們從沒想過還有B這一個環節，所以我們只會看別人（A），不會看自己（B）。「定義」讓每一個人事物變得真實，讓我們對這些真實的事件有了感覺，當情緒再次出現的時候，誰能夠第一時間先想到自己，誰就越能與這個外在世界有更多的美好連結。

如果每一次你都只會想到A，你會一直痛苦下去，因為A是別人，B是自己。我們來到這個世界，是要來修練、學習與成長的，當你可以透過別人的A讓自己的B越來越寬廣，就不再有人可以來傷害你了。反之，牢固的B只會讓你繼續受到傷害。我們會一直受到傷害、感受到痛苦，那是因為B太狹隘了，在生活中，A只會永無止盡一直重演。

今天有一個人來找你訴苦，他說他好可憐，老闆怎麼可以對他這樣、同事怎麼可以這麼無情、為什麼今年我的年終這麼少、為什麼老闆沒有升我當經理、為什麼我老公可以這樣對我……，這些全都是他的感受，也就是C。我們就跟著他的感受C進入到他嘴中的A，可惡的老闆、無情的同事、冷漠的老公等等。接下來我們會這麼回應，你老闆好誇張喔、你同事好扯喔、這樣的公司福利很糟糕耶、妳老公是我看過最沒用的人了。

我們用盡了一生的愛去包容、溫暖了眼前的朋友，可是我們沒有想過去跟朋友說：「有沒有可能是你的B出了問題呢？」我們可能也沒有這樣的勇氣對朋友說，或者根本不知道應該要這樣子去思考才會帶來意義。

我們一天到晚和朋友喝咖啡聊是非，一群人在這A、C之間跑來跑去，彼此相互挺來挺去的，卻沒有人在討論B。我們被生活中的每一個A擊垮，換股東、換老闆、換同事、換朋友、換老公、換老婆，這一生就這樣永無止境的換下去，換到你開心為止，只不過永遠沒有讓你開心的那一天。這就是我們每天所處的生活與生態圈，從來不處理自己，喜歡去處理別人。

如果你想要在你的朋友圈內受人尊敬，成為一個有影響力的人，你必須停止這種隨波逐流，一直協助他人去處理A的狀態。這類人太多了，全都是損友，只會讓事情越來越糟糕。去啟發當事人看懂自己的B吧，你會得到極高的評價與回饋。

定義才會帶來意義，如果你沒有下這樣的定義，怎麼會覺得A有問題呢？對方的B跟你的B不同，你就覺得對方A整個有問題。最神奇的是，不論你走到哪裡，遇到什麼人什麼事，這些A從頭到尾都沒變過，唯一會變來變去、呈現不確定狀態的就是自己的B。

每一個人都是存活在一個不確定的系統，如果你透過哲學思考來看待每一個A，你就會發現，自己的B變得更有彈性了。以前常常會跟別人過不去，現在好像憤怒生氣的次數變少了，情緒上也喜樂了許多，人生才能不斷的向上提升。在別人的眼中，我們所說所行，也是別人的A，為什麼別人老是跟我吵架啊？因為別人也不懂他自己的B出了問題啊。

B就像一張張的標籤，我們喜歡拿著自己的標籤貼在他人身上，也被他人貼上，最後成了痛苦之身。我們一直在解決A，卻沒發現最大的問題就是自己的B。

因為A，所以C。我們一天上演了無數次A——C的重複輪迴，根本跳不出這個框架。很少人會意識到B才是關鍵，甚至都覺得自己的B完全沒有問題。

一旦清楚知道是什麼想法和觀念使我們難受，下一步就是駁斥它，去改變使我們感到難受的認知，確實能夠避免和釋放許多不必要的壓力，而駁斥的過程，就是重新定義，同時修正了自己的言行。

我們的定義越寬廣，生活越自在，便越能不受外在的干擾。凡事都是中立的，是我們定義了它，既然定義了，還是可以接納與自己不同立場的聲音，學會包容與理解。你所有的定義是要讓你平靜與喜悅，而不是對立與挑釁，我們才能接受眼前的所有發生，不會因為突如其來的衝突而有了情緒反應。我們會開始微笑，因為我們不再拿著自己的標籤到處去定義他人，這只會增加我們的痛苦。

有一句話我們可以去好好思考，這一句話如果你打從心裡認同，那麼你的人生將會省掉一半以上的時間不用去處理所有的問題，前提是你是否真的認同。

「如果你認為你是對的，那麼對方也是對的。」

我們都覺得自己的B一點問題都沒有，問題都是出現在A身上；既然如此，對方也是這樣堅定的理解，請問錯在哪裡？

不再因為種族、性別而產生對立，如果你希望你的人生為你帶來意義，首先你必須先去理解，自己在定義上是否能夠有更多的包容。我們多數的定義都來自家庭以及社會，從一出生就開始接受這些定義，最後成為我們衡量他人的標籤，為何家會傷人，原因就在此。

當你又陷入情緒的漩渦時，當你又在A——C——A循環時，如果真的找不到任何讓你可以接受的B，那麼唯一可以做的，就是不要去定義A。

重新定義生活，人生下半場就能逆轉勝。

有一個脫口秀主持人邀請了九十幾歲的老先生上台，這位老先生拄了枴杖要人攙扶著，慢步的走上台。

主持人：「身體狀況一切都還好嗎？」

老先生：「不能再更好了。」

主持人：「真是個好消息，所以您從來都不去看醫生是嗎？」

老先生：「會啊，當然要去看醫生啊！」

主持人：「為什麼要去看醫生呢？」

老先生：「我可以沒有醫生，但醫生不能沒有我啊，沒有我，他怎麼活下去？」

大家笑了，原來這就是「助生存」，每個人活著都能夠幫助別人好好的生存著，多簡單，只要開口就好，「良言一句三冬暖，惡言一句六月寒。」啊！就像這位高齡的老先生，依然持續在幫助醫生生存。

主持人：「哈哈，真的是太有道理了，那您會去拿藥嗎？」

老先生：「會啊！」

主持人：「為什麼要去拿藥呢？」

老先生：「我如果不去拿藥，那藥劑師怎麼活下去？他沒有開藥，他怎麼生存，我不僅幫助醫生活了下來，我也幫助藥劑師活下來了。」

主持人：「那你開了藥會吃嗎？」

老先生：「不會啊！」

主持人：「為什麼不會？」

老先生：「因為吃了，我就會活不下去了。」

現場又笑成一片。

主持人：「哈哈，了解，那您今天為什麼要來到這個地方呢？」

老先生：「你需要我啊！如果沒有我，你就沒有收視率了，不是嗎？我也是要來幫助你生存的。就像現場這些觀眾及電視機前的朋友，他們全是來幫助我們兩個完成這一場對話的。沒有他們，我可能就沒有通告費可以領了，你更可能失去了這份工作。」

自從生命開始繁衍，我們一直在助生存，到底誰才是最值得被稱讚肯定的？你從螢幕上看到的那些偶像有多了不起？**到底是誰不能沒有誰？沒有了偶像的你，你還是你，但沒有粉絲的偶像，還是偶像嗎？**很多新興宗教、組織、團體，那些在台上被人膜拜、跟隨的人有多了不起？每一個站在台上的領導者，就像故事中的那些醫生、藥劑師、主持人，如果沒有你們這些信眾，他怎麼活下去？他能是誰？

我們一直都在幫助他人，只是我們不知道原來幫助他人如此簡單，就是單純的給予認同，完全沒有想到利益與生存，但卻成就、幫助了他人的生存。只要你願意，接受了，你就可以幫助他人好好的生存下來。

當你的觀念通了，也就是B通了，你會發現每一個A都很可愛，你的C就會很開心。

所有的一切都是中性的，本來就沒有對錯，它就存在在那裡，不曾改變。去重新去定義自己的B吧，都是B出了問題，自然就會覺得A有問題，才會讓你如此痛苦。C怎麼來的？心想事成來的。B好C就好，跟A沒有太大的直接關係。

生氣的時候，想一想我為什麼現在要生氣呢？A本來就是中性的，我不想去面對自己的B，所以把A找來當代罪羔羊，以掩飾自己B的不堪與不足。承認自己的無知與錯誤，才是內心力量最強大的人。

☑ 當情緒來臨時

我對你錯的主流遊戲，在生活中永遠是票房保證。

湯姆正陷在原地動彈不得，原因是前方的汽車不讓路。湯姆最後對前方駕駛比出憤怒的手勢，怒罵著：「你這個傢伙，到底會不會開車啊，不會開車就不要在路上亂跑，阻礙交通……」

我們生活中像湯姆這樣的人，其實還真不少，嘴上總要說上兩句：「紅燈不會轉過去嗎？」「到底是誰？沒事停在路邊幹嘛！」對向來了一台車，緩慢朝我們開過來，就會嘟囔著：「他明明旁邊路還這麼寬，硬要往我這邊靠，開車技術怎麼這麼差，怎麼會有人這樣子開車的啊！」

情緒是一種心理狀態的呈現，依照主體願望與需求產生的主觀經驗，當結果與期待落差越大，情緒就會越大。所以**情緒是怎麼來的？一定會有一個觸發點，通常會是某個倒楣的人或事**。

真正讓湯姆感到憤怒的不是那一個人不會開車、不是前面的車子不讓他過，而是他自己的觀念、他的認知，也就是他的定義。他認為別人應該要怎樣才對、必須要那樣才對。

你的父母親在職場上一天到晚被罵，你會開心嗎？你父母親在狹小的巷弄間開車，卻要被人詛咒、謾罵笨手笨腳，不會開就不要在路上嚇人，你會心疼嗎？我們都願意幫自己的父母親找理由來解釋這一切，希望周圍的人寬容擔待些，但轉身卻無時無刻對著他人的父母親、小孩施加壓力，我們都不夠慈悲。

一個人只有在通行無阻的時候會感恩，一旦受挫就開始生氣。感恩不是天賦，是需要隨時隨地提醒自己的。

從來不是A的問題，一直都是B的問題，所以最後的結果C才會讓我們如此痛苦。如果真的是A的問題，為何我們處理完A，也沒有讓自己特別開心？對方都離開了，事情都結束了，我們還是無法釋懷，為什麼？**我們必須停止這個大受歡迎的遊戲——我對你錯，這個大家都玩得很上手也上癮的主流遊戲。**

當情緒來的時候，我們全身的能量都急著去回應它，似乎不處理它都不行，它現在最大。大腦最擅長使用的伎倆，就是讓你不斷有情緒，你一旦回應就中計了。

我們從出生的那一刻起就被大腦控制了，以為大腦就是我，我們把它當聖旨在處理，最後我們又受夠了自己。我們早已將生命的主導權交了出去，讓大腦成為了主宰生命的唯一，它明明不代表整個你，它只是你全身器官的其中之一，但所有一切又可以由大腦說了算。

怎麼會這樣？真的可以不理它嗎？當然可以，試試看，當情緒來的時候，試著與這樣的感覺和平相處，「嗨，情緒，你又來了！我正忙著，你隨便找位置坐喔。這一次我不會中計了。」這樣做，試試看控制一下你頭腦在跟你玩的遊戲，你如果不能控制頭腦，就只能讓頭腦來控制你。

不要因為別人的閒言碎語就亂了陣腳，失了分寸，擾了心靈，畢竟生活是你自己在過，你生活的全部意義不是為了讓別人開心滿意，而是負責讓自己活得舒坦自在，所以你沒必要耗損心力去跟那些人較勁。

生活是個大道場，場子裡面的人物，形形色色、三教九流都有。遇到那些添油加醋的人，你唯一要做的是，把自己的日子經營得有聲有色，越來越好，而不是被周圍的不良言論所左右。

你過得不好，別人除了當一個看笑話的旁觀者，根本一丁點都不會幫到你。精神抖擻，起身往前幹活最實在！

不要急著說、不要急著做出反應，閉上嘴，身體力行、好好感受。試著學會安靜獨處，該說則說，該靜則靜，靜如處子，動如脫兔，既能靜又能動，多好啊！只有你才能讓自己，也讓他人感受到舒服。

檢視別人很厲害，看看自己又是什麼嘴臉與姿態。

覺察自己的情緒何其重要，情緒會透過我們身體很多地方投射出來，例如：你的臉部、姿態和語調。

臉部表情

你看得到自己的臉部表情嗎？**「覺察」就是站在自己的身體外面看自己。**那一張臉，你喜歡嗎？你平常怎麼評價別人的？這個沒有面帶笑容、那個一張臭臉、這個人很友善、那個人在偷偷注視我……，就是那樣，你怎麼看別人的，就怎麼看自己，標準要一致。

如果你不用透過鏡子，就可以看到自己行事當下的臉部表情，這是多麼值得喝采的事，因為有很多人是看不到自己的表情的。很多人嘴巴上講著覺察，可是沒有身體力行，否則這些人臉上不會出現那種讓人看了會產生距離感甚至是害怕的表情。這種人的「覺察」只不過是口號罷了，他們控制不了情緒，各種愛惡憎恨的情緒都在臉上表露無遺。

我覺得我面無表情的時候看起來很專業、我覺得自己那樣凶狠的臉很性格，我雖然臉很臭可是我心地善良……。隨便你怎麼理解自己的表情，你若可以接受鏡子裡自己的表情，那你應該也能接受他人對你表現出同樣的表情，你不可能喜歡鏡子裡自己嚴肅、不苟言笑的樣子，卻對周圍的人老是給你擺張撲克臉感到不舒服。這種不一致的雙重標準，要不是在為自己脫罪，不然就是生病了，分裂得很嚴重。

大家都知道覺察，但是真的有在覺察自己的人不多，我們一遇到問題，跟一開車就隨時在破口大罵的湯姆一樣：「什麼人啊、會不會開車啊、閃一邊去、誰理你啊……」每個當下你覺察到自己的表情了嗎？臉超臭！

姿態

怒髮衝冠、劍拔弩張，你這姿態是準備去跟人打架嗎？指責他人，指著別人的鼻子說教，不只臉部表情不行，現在手也來腳也來了。我們不喜歡他人對我們指指點點，卻天天對他人頤指氣使。

一個有情緒的人，身體正在以一種展開攻擊的氣焰向外發射，整個人的體態會讓人看了就很不舒服。

語調

臉部表情很重要，姿態很重要，但語調的影響更是無遠弗屆。情緒上來的時候，你仔細聽聽自己的聲音，會發現聲調變了，變成刺耳的噪音。聲音就像樂器一樣，我們的情緒透過聲音展露無遺，他人的感受是一清二楚的。

要覺察自己有多困難？一定不能嘴上講講而已，覺察只是探索自己的開始，只是讓自己走向寧靜、自在，發現喜悅過程中的初級班而已。可是，很多人連進入初級班的門檻都還到不了，連照鏡子都不覺得自己有問題。「很帥啊、很美啊，我幾乎迷倒眾生了啊！」那叫自我感覺良好，根本是自戀的花癡。

有一些人很喜歡觀察別人，卻把自己的心房關得緊緊的。這種人天性敏感，外界一點風吹草動，隨便一個信號，就能讓他們暴跳如雷，情緒四起。他們永遠能夠找到不足的區塊，將自己的理念見縫插針放進去，然後放大再放大。他們不放過周圍的人，其實是不放過自己。

我們都不懂得愛自己，所以才成為他人的笑話，不然怎麼會出現那樣的臉、那樣的言行舉止，更不可能會呈現那樣的語調，我們做出讓自己不受歡迎、令人討厭的行為了。當然，自始自終，這些帶有情緒的人，覺得是對方挑起的戰爭，是對方的問題，他們才是受害者。

覺察，是你唯一能夠走出更好模樣的方式。我們把自己看得太大了，反而暴露出你的短視與膚淺，不會有人尊重你，大家只會討厭你。**覺察是看自己，不是看他人。**我們要學會謙虛，才會讓自己持續的往前。

你是神經有問題嗎？神經病啊！

我在學習了心理學之後，正式接觸到神經科學，也開始懂得如何跟我的大腦相處、共事與對話，至今，它已經為我的生命帶來太多神奇的改變了，我迫不及待想要跟所有讀者分享。你只要有一些基本的簡單概念，就可以在生活中練習操作，你一定會跟我一樣，驚喜不斷。

我打了你，會痛嗎？當然會。我們會眼睛痛、胃痛、肚子痛、小腿抽痛等等，所有的感覺都是從神經傳達出來的，因為神經會傳達信號，這樣的說法，都還在大家能夠理解的層面。若一個人的行為舉止和一般人不太一樣，我們會說這個人是神經病，這種說法可不是在開玩笑的，是真的。因為神經傳導出了問題，傳遞信號的功能異常，所以會跟一般人正常該有的反應不一樣，這就是因為神經生病了。神經布滿我們全身，那麼神經受誰控制？受大腦控制！

你應該看過像這樣的神經系統圖，一個大腦加上一條脊髓，再加上發散到全身的神經，這就是人類的神經系統。我們的神經系統分成兩類：中樞神經跟周圍神經。中樞神經又分成腦神經跟脊髓神經，周圍神經則分成身體神經與自律神經

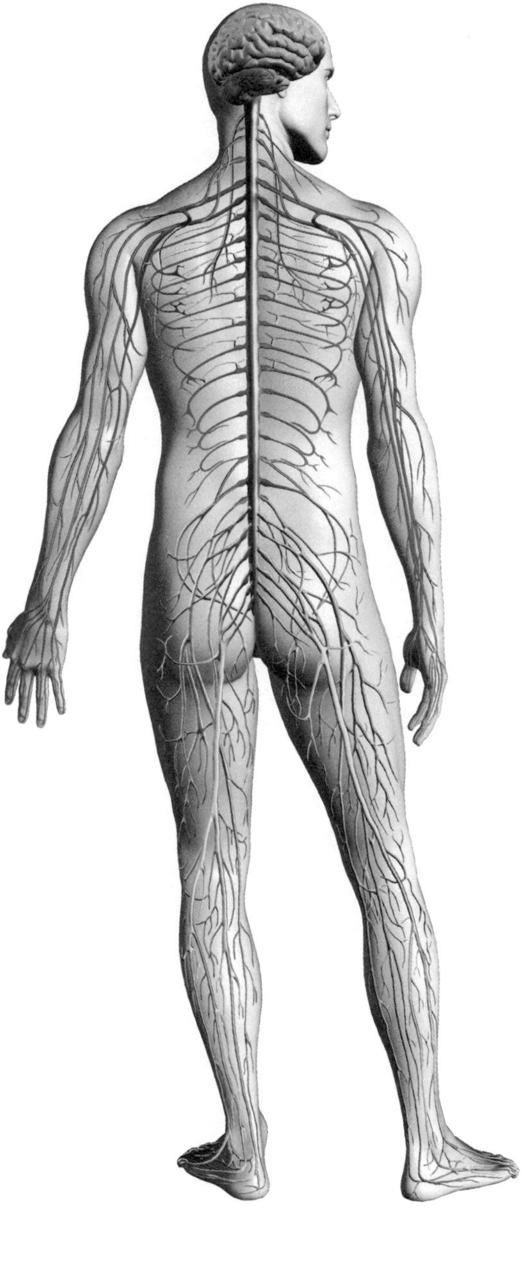

神經是做什麼用的呢？神經的功能是在傳送信號，大腦透過神經傳來的這些信號作確認。

為什麼你現在可以同步看到、聽到對方向你揮手跟說話？你以為是耳朵聽到、眼睛看到的嗎？

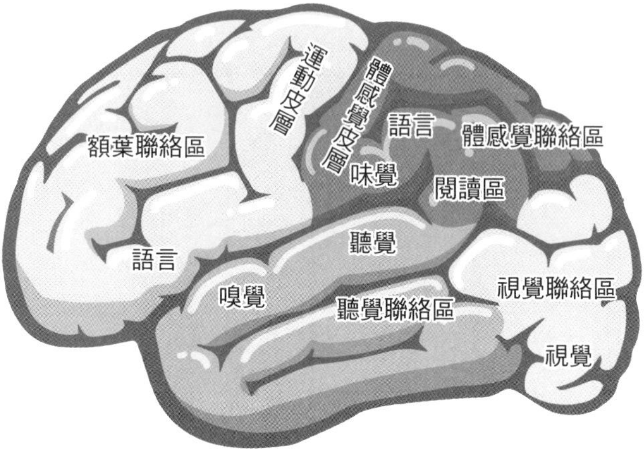

這樣想也對，但其實不是的。你會聽到對方說話、看到他在揮手，是因為我們身體某樣東西收到了這個信號，然後將這些信號用最快的速度傳遞到大腦皮質層（如圖），大腦上這些皺皺的部分就是皮質層，就是信號加工處理的地方，使我們得以看到影像、顏色、聽到聲音內容、聞到味道、觸摸到物件。

我們自外界收集到的信號，在身體裡面被快速傳遞完成，傳遞速度之快，是我們無法想像的，肯定比我們所認知的外在反射還要再快上數百倍。

所有的信號都是透過波的流動傳遞，空氣中存在著各式各樣的波，只是我們感覺不到，但並不代表這些波不存在。

這些波帶了大量的信號，雖然我們的意識層面感受不到，不能否認的是，身體確實一直在收集這些信號，未曾稍停。

你怎麼會感受到坐在旁邊的陌生人正在哀傷呢？因為他哀傷的信號透過某種頻率，用波的方式傳遞出來，被你接收到了。你也不懂為什麼你可以感受到他的哀傷，但是只要你能夠靜下心來，就可以感受到更多波的流動，用一般人比較能夠理解的說法，這些波就是「能量」。所以，一個人散發出什麼樣的信號，絕對都可以被感應到。

我們所處的環境充滿了各式各樣的波，不同頻率的波無所不在，持續傳遞著各種信號，我們的身體就像個載體，不斷接受這些信號，然後經由體內的神經路徑傳送到大腦，進行分析。

是什麼在負責傳遞信號？神經元！

神經元存在於身體的細胞裡，它是帶電的，它接收下所有的波再傳送出去。神經元的傳送速度非你所能想像，它以時速二百五十公里甚至更快的速度，將信號傳送到大腦。

外在的實相，透露了你內心真正的想法。

五感是眼、耳、鼻、舌、身，也就是眼睛、耳朵、鼻子、嘴巴跟身體。

我們透過五感的外在刺激來獲取信號，神經元快速的將信號傳送到大腦，大腦去分析這是好的還是不好的，於是產生了情緒，再將情緒傳遞到全身，所以我們的亢奮或難受，全都是彈指之間的事情。

情緒的反應會這麼快，是因為神經元的傳遞速度，遠遠快過自身的思考反應，所以很多時候我們來不及反應，情緒已經蔓延全身了。

為什麼有人一出現，就眾人簇擁圍繞，而有人一出現，則讓全部的人急著想逃離？因為在我們大腦還沒意會到的時候，體內帶電的神經元已經用時速三、五百公里的速度，來回在身體裡傳遞了所有的信號。內在世界早已發生一連串的巨大變化，然而身體僅在外在世界做出意識所能看到的小小反應：親近他或遠離他。

大腦能意識到的所有一切，早在我們身體裡面不知發生了多少回的傳遞及分析了。外在世界所有的發生，其顯化的速度及精準度，遠遠跟不上內在世界，相差甚遠而無法比擬。**你在外在實相看到的所有反應，殊不知早已在內在世界演練多少回合了。**我們眼前所有發生的一切，都已經在我們的內在世界傳送完畢，最後成了我們看到的事實。我們會說這樣的話、做那樣的事，早就在身體裡來來回回跑了不知道幾回了。

神經元除了傳遞外在世界的信號之外，也將每個人腦中所想的意念傳遞至全身。當你的意念越堅定，你所產生的意念波就會越強大，而波就是能量，所以意念越堅定的人，能量就會越強大。很多時候，我們實在搞不懂為什麼會遇到這些人、發生這些事，那是因為你身上的能量與外在世界某個相同頻率的波，相互連結共振，彼此吸引了。結果的發生，不是我們意識層面所能理解的。

你在想什麼何其重要，意念是否夠堅定更加重要。你說你想要賺錢，但為什麼沒有賺到錢？如果用神經科學的語言來回答這個問題，那就是你的意念波太薄弱，也就是我們身上的能量太弱，這個弱頻率與財富的頻率無法達成共振，吸引不到想要賺錢的磁場。不論外在實相還是內在能量狀態，都沒有任何想要賺錢的跡象，要大腦如何相信你嘴上說的是真的。大腦會認為這種意念只是想想而已，最後會不了了之。

你必須讓大腦感受到你是認真的，才能產生強大的意念，讓神經元把信號傳遞至全身。假設你立刻回到辦公室，把客戶群的資料拿出來認真工作，當你很認真投入的時候，全身的神經元正在沸騰著，它會透過聲波、腦波、眼波火力全開，開始連結外在相同頻率的能量。於是這些與你產生連結的客戶，也開始跟著你當一回事了，他們竟然會說出：「好啊，我正在想著這個東西，你就剛好打來了，幫我訂一組。」你一定會覺得，怎麼這麼幸運，竟然心想事成，其實是能量傳遞帶來的結果，反之，負面能量也是一樣的概念。

當你想著的都是「全世界都是爛人！」「我不喜歡你，你好壞。」「為什麼大家都要騙我、欺負我？」你自然會吸引到欺騙、欺負你的人。因為你全身的能量都是這樣的波，你全身的神經元，用你無法想像的速度傳遞給全身，為你創造出這樣的能量場域，讓你心想事成，所以你才會吸引到讓你越來越討厭的人。

這就是內在世界的波，帶動了外在世界的波的關係。原來你想什麼，就會創造出什麼樣的能量場，最後，這些能量場會為你連結、吸引你所想要的一切。所有的事情，就是透過波的傳遞，活生生出現在你的眼前。

只有眼前真實發生的事，才能真正說服大腦相信。

如果你曾經被狗追、被狗咬傷，由於這件事印象深刻，所以這個傷痛一直跟著你到現在。儘管你告訴自己：「我不怕狗了。」可是你內心世界還是洩漏了祕密。嘴上說：「不怕，牠不會咬我。」但為何每次經過有狗的地方，就會心跳加速？

我們都曾經歷過創傷，事情過了總以為自己好了、康復了，但其實沒有，它還在。面對創傷，不是嘴上說著：「沒事，我原諒他了。」這樣就好，科學已經證明你還是沒有放下它。我們若沒有去練習、學會如何真正面對它，直到真的可以與創傷同處，真正感覺這件事情好像真的沒有什麼……，不然，根本只是嘴巴上說說騙自己。

只要聊到前男友、前女友、股東、朋友、家人……，當時是如何傷害你的，你嘴上講著：「沒事了！沒事了！」可是傷痛的感受還在體內，還帶著憤怒與不平。長此以往，以後只要碰到類似的人，要合夥、要交往、要開始產生緊密關係時，我們就會開始出現相同的感受。你不是因為此刻的這個人讓你緊張，而是過去的經驗沒有處理好，於是事件將會繼續重複。我們不敢再與人產生親密感，是因為怕受傷害、怕被欺騙。內在的事件沒去處理，最後便成了痛苦之身，每個人都不自由。

神經元串聯、傳遞了全身的信號，包含了真實的感受。如果沒有勇氣面對關係上的衝突，卻只在嘴上說著「沒事沒事」，以為這樣可以騙過意識？真的就沒事了嗎？就算人前堅強，可是散發出來的能量都有事。

你喜歡自己的樣子嗎？真心問問自己：「我到底怎麼了？」你對所有外在世界感受的一切，全都是你內心世界所投射、期待的。我們內心的意念與潛意識，早已透過神經元，用時速三、五百公里甚至更快的速度傳遞，跑遍全身，最後投射出此刻的樣貌，不論你接受與否，那就是我們自己所想的樣貌。這現象已經經過實驗證實，屬於科學的範疇了，但還是很多人不相信，寧可相信自己的心智腦袋。

我們所創造出來的真實世界，是大腦會參考的唯一條件，真實發生的事件，會讓大腦創造出更強大的意念波。為什麼很多人每天嘴上說著要成功、要賺錢，天天說感恩，但生活還是很痛苦？因為他沒有做出行為就沒有真實性，沒有真實性的畫面，與你所想所說的剛好都相反，這要如何說服大腦，讓大腦相信你所發的誓言、立下的志願都是真的？不實踐，不去身體力行，大腦不當一回事，就會認為你說的是假的、是說說而已的事情。

關於真實性，在後面的篇章會做更詳細的說明。

你有真的試著去跟客戶連結嗎？有真的與人產生良善的互動嗎？有沒有讓你的大腦覺得這一次看起來是認真的？

你說：「我希望大家喜歡我。」但大腦其實心知肚明：「不會有人喜歡你的，因為你根本沒有做出讓人喜歡的事情。」我們過不了大腦這一關。如果真想受人歡迎，第一件事情是覺察。不論是表情、姿態還是語調，都讓人感到舒服嗎？如果你沒有辦法做到讓自己都覺得舒服，如何從最內在的意念波與神經元，發出你所想要的信號呢？

別讓無知蒙蔽了雙眼，我們是能量，不是物質！

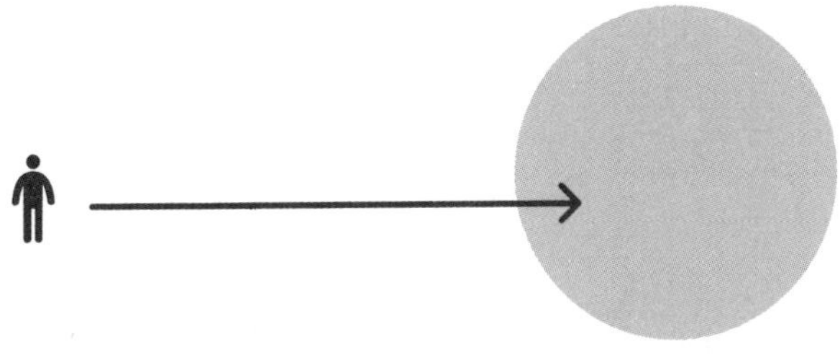

這一個單位中，物質的存在，有等於沒有，全是能量。

人的身體是由0.000001%的物質及99.999999%的能量所組成，但多數人依然用五感來定義一切看得到、摸得到的物質世界。要構成一個完整的「我」，除了包含我們所能理解的身體之外，還要加上圍繞在人體外圍，超過身體一億倍的帶電能量場。所以，每一個人都是能量，不是物質。

我到底是誰？如果用顯微鏡觀察我身體上任何一個部位，你會看到細胞，我們的身體就是由數十億個舞動的細胞組成。這樣的說法，應該還在多數人可以理解的範圍。

再用更高倍數的顯微鏡觀察這些細胞，會看到原子，原來人體就是由 7,000,000,000,000,000,000,000,000,000 個原子所構成。如果再更近距離去觀察這些原子，由於原子粒實在太過微小，只能看到飄忽不定的能量。沒錯，全都是能量。

我們都是能量體，人的身體就是一個複雜的能量場，我現在站在這裡一動也不動，當你觀察我身上任何一個部分，我其實正在以光的速度移動著，與這個世界同時存在著。但為什麼多數人或者應該說所有人都感覺不到呢？為什麼一直以來，我們都如此確定自己就是一個人，也就是你觸碰得到的這個身體，卻沒人感覺自己是一個能量！能量聽起來多了不起啊，不是嗎？它真的很了不起，你真的很了不起。

我們感覺不到真實的自己，原因不外乎是我們把所有的精力與思緒，放在人類物質層次的瑣事上面。是的，跟能量相比，這些物質世界的重要性根本就是瑣事，但我們卻一心追求，我們覺得這些才是最重要的。我們只會向外看，以至於忽略了一直潛藏於內心深處的那股強大力量，我們無時無刻都在分心。

你可以試著思考一下，花五秒鐘，就算你現在沒有把書本闔上，你的腦袋還是可以同時想著明天要幹嘛、等等要做什麼。你知道嗎？你剛剛的五秒鐘，或者你剛剛腦袋轉了一圈所思考的畫面，是其他生物所無法執行的，而你竟然可以在腦袋裡面，輕而易舉創造一個虛擬的現實環境。在這一個虛擬的現實中，你對這還沒發生的未來做了預測。每一個人都有這種假設的能力，你把過去實際發生過的現實，放入到虛擬的現實中。當你用幾種可能發生的現實做比較的時候，同時就是在對你自己的未來做了預測，這種預測，可大到國家發展，小到個人生活或關係的變化，我們改變了我們的生命，也改變了地球上的一切。

試著花十秒鐘，閉上眼睛，什麼都不想……

你堅持到十秒鐘了嗎？我很努力的堅持兩秒讓自己放空，接下來的八秒，腦袋就開始不斷自問：「怎麼樣才可以不要想啊？」「時間到了沒啊？」甚至出現倒數計時的聲音。這說明了什麼？老天爺給了人類這個特別的構造，目前，在人類所能理解的範圍內，沒有任何生物有假設的能力，所以他們不會對未來有任何期待，只有人類可以對未來抱有無比的憧憬。

但是，擁有對未來假設的超能力，也帶來了強大的副作用，使我們搞不清真真假假，會無法掌握出現在腦袋裡的那些虛擬，而且還以為是真實的場景。一旦你遇到狀況，你會去尋找過去腦袋曾經虛擬過、但不見得真正發生過的情境，拿來跟眼前真實的狀況相比較，試圖找出正確的下一步，然而，這正是讓我們一步一步邁向痛苦之身的根源。

忌妒，二元世界，我們永遠沒有辦法活在當下，我們懊惱於過去發生的事情，但更加擔憂未來可能發生的一切，這所有的一切都只有人類才感受得到。

能量是透過振動來連結彼此，當一個人的振動頻率越強大，外在世界就會越快速的產生共鳴，並作出改變。

在跟這麼多人對話中，我發現多數人對自己的大腦與身體根本一無所知，永遠都在欺騙自己，每天都在分裂，人前人後不一樣。你可以瞞天過海騙過所有人，但騙不了受你吸引而來的信號，為什麼你周圍會有這些人、這些事？你的能量場已經說明一切了。**你的外在世界有多混亂，內在世界肯定更加混亂；你的外在世界有多幸運，內在世界一定比外在世界更加美好而乾淨。**

人是能量體，我們沒有看懂自己的能量，花了所有的時間在追求、打造自己的人生目標，卻讓身上的能量場又雜又亂，最後離目標越來越遠。

意念波就是打造能量場的開始，快速啟動。

開始盡可能客觀的觀察自己的思想、情緒和觀念，當我們越是把注意力從「我」的思緒上轉移開來，似乎可以意識到，有另一個自己正在暗中觀察著自己。**初步的練習，就是你不再是那一個思考者，你是一個觀察者，觀察那位思考者，也就是心智頭腦。**最後或許可以把注意力，從長期一層又一層的想法、認知、身體和感官中抽離出來，剩下的只有毫無感知的意識，而那就是原始的樣貌，就是什麼都沒有，只剩下觀察者。

只有這樣，你才有機會觀察到，長期下來，所有擺在你眼前，曾經屬於你的標籤、定義、認知、價值，「原來這些全部都不是我。」唯一剩下的，只有這種存在的感覺，就是一種存在感，而那就是能量，無時無刻與我們所能理解的身體在一起。唯有理解「我是能量」的概念，你才能超越意識理解的範疇，明白能量無時無刻與我們同在，我們就在這宇宙間，就在生命的每一瞬間。

魚兒可能永遠都不知道自己游在水中，就像我們可能永遠都覺察不到已經被層層幻象包裹住的真實的自己。我們的能量力量強大，但卻被我們有限的知識給遮蓋掉了，我們的能量總是被意識創造出來的幻覺折磨著，這種幻覺讓我們覺得自己是一個獨立理性的人，但事實上，你就是一個無所不在、無時無刻都在運作的能量，我們一直都在啟動它，它才是真正的我。

你的意念是什麼，你啟動的能量就會是什麼，意念何其重要，意念波就是能量，這股能量注入你的生命，透過行為會創造出更加真實的畫面，讓你的意念更加堅固，你的能量場才會更加強大。我們就是那個能量，自始自終，我們一直都是，並且永遠都只會是能量。

只有當我們開始意識到自己的本質是能量，從此以後，才會終結人類的痛苦。所有的痛苦都來自個體與整體分離的幻覺，外在的幻覺讓你覺得你是一個為生存而掙扎的人；這些幻覺讓你相信你身體裡兆億的原子只是物質，也就是你的肉體。那也沒關係，只要你能意識到你是能量這件事情，你就會逐漸明白，你的物質世界全是能量所塑造出來的短暫幻影，你的心智就是幻想，因為真實的我將永遠是能量。大腦只相信科學，而這就是科學，如此罷了。

如果我開始這樣思考，那麼在我內心世界操控我的思考者，就會變得軟弱無力。從今以後，我再也不用被那個聲音所控制了，我開始有自己想過的生活，將遠離痛苦之身，人生就會是一場美好。我們心無雜念，不會整天花那麼多的時間在計畫、權謀、到處貼標籤，因為在能量的概念下，最重要的時刻就是現在，此時此刻。

這是一個多麼重要的領悟，光是這樣的認知，就可以減少許多我們自己創造出來的心理上的罪。許多科學的儀器已經可以檢測出，一個學會感恩、學會祝福、認同他人的人，可以在他們身上看到異常明顯的變化，上萬億連在一起的神經元本身的結構發生了翻天覆地的改變，隨著意念的轉換，大腦中樞神經有了客觀的變化。

他們所呈現出來的能量更能包容他人，與這個世界緊密連結為一體，他們的意念波直觀的體驗了做為能量的本質，從此改變了大腦的結構，透過意念波的傳導，會讓能量無遠弗屆的向外發射。

如果我們每一個人都能感到人與人心連心的完整，當你不再為自身的信念價值所困擾，你人生的重點即會改變，你會明白感受到全世界就是你自身，你會感受到他人的痛苦就是你的痛苦，你會想到還能給予他們什麼呢？一個想要去造福世界的力量一直都存在你體內，當我們把眾人的利益放在首位，縱使腦袋認知吃虧了，也不覺得那是吃虧，你還會微笑祝福呢！

環顧四周，現在有多少人能夠做到？可以從我們開始嗎？如果全世界七十億人口都這樣做呢？也許阻礙我們解決所有問題的根源就在於，我們不知道我們本身就是能量，我們以為我們是跳脫這個世界的個體，如果你希望你這個個體能有所成，你該把能量的思維放在你的腦袋中，現在是做出改變的時候了。

細胞散布在血液裡面，當我們處於持續專注的狀態時，「我想要當經理」、「我想要完成公司的考核」……，只要你進入一個專注的狀態，我們全身細胞的排列，會變成一個接著一個的緊密連結狀態。

左頁圖中的實線跟虛線皆代表你的情緒、你的意念波。細胞裡面的神經元，它們會接收這些情緒、意念，然後將這些信號傳遞送出。

實線代表正向的情緒，即所謂的正面能量；虛線代表負向的情緒，即所謂的負面能量。

不管是正面還是負面都會產生能量，這些波帶著你腦中所想的意念信號，傳遞給細胞的神經元，神經元再把這些信號發送到全身，記住，**這裡的全身指的不只是你的身體，還包含了超過身體一億倍的能量場**。

當你在情緒亢奮、雀躍、興奮、持續向上的狀態時，波長是很短、很快速的，那是一種高頻率的波，實線的波就是這樣又短又快，這樣的波進入細胞，高頻率的波很容易與細胞連結，細胞能夠

意念波

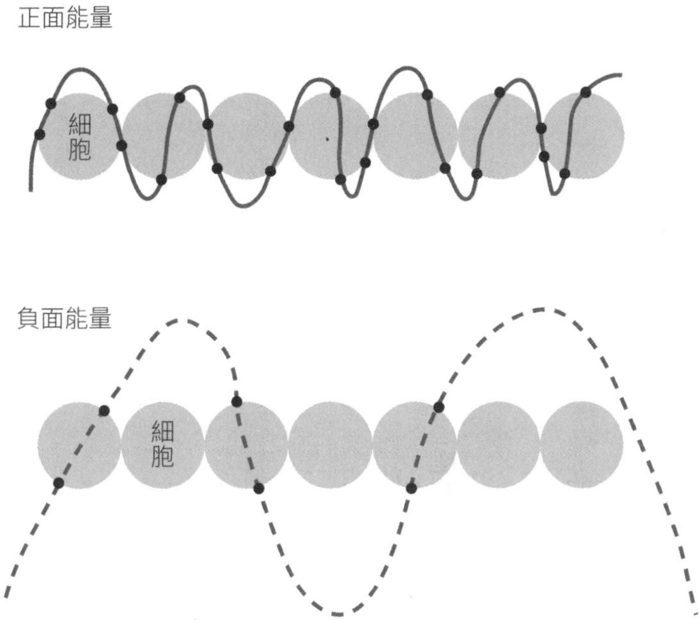

收到的信號點相當多。

如果是處於低情緒的波，這種低頻的波像抱怨、憤怒、受害者心態的頻率，或者是冗長毫無意義的演說、充滿攻擊的環境、挑釁的語言、譴責或恐懼等等，那會進入虛線的波，細胞能夠收到的信號點不多。

恐懼的情緒是緩慢的低頻率震動，而愛的情緒是快速的高頻率震動。

恐懼是長而慢的波，低頻，這個波與細胞產生的交集相對很少，所以情緒起伏大、負面能量多的人，就是限制了接受能量的數目，他們內在世界收不到正面能量的頻率，全身的能量場只能與負面能量的頻率不斷連結共振。

DNA是雙螺旋狀，它透過旋轉把能量傳遞出去，所以它必須靠某樣東西產生旋轉，意念波就是關鍵，創造了DAN的轉動。

情緒起伏大的人就像虛線的波，他的能量與細胞內的DNA接受到的信號有限，傳導的速度與帶動影響周圍的速度就會慢很多。

DNA上寫了什麼密碼？照照鏡子，看自己的思言行就知道。

正向能量，例如學會感恩、學會祝福、認同他人，這些都不是嘴上說說，而是要真心去身體力行。如果你真想要改變命運，不會是因為你吃了什麼厲害的東西、上了什麼改變的課程、配戴了什麼神奇的法器，這些都幫不了你。**這些外在工具能否有效作用，除了產品本身，最重要的是你內心世界的細胞環境，那才會讓你產生意想不到的效果。**

細胞不斷在改變，裡面的DNA會不斷的複製，你的DNA裡到底複寫了什麼訊號？細胞會一代傳一代，這就是潛意識裡的祕密。

即使感受不到，但如果你願意相信，你身體裡有某些東西極快速的流竄著。如果你想要心想事成，真心想要追求物質世界的利益、人生目標的實現，那你就該放下頭腦所思考的一切，開始學習透過超過意識一億倍的能量來幫我們執行，這才是最快速、最有效、最能顯化的方法。處理好自己的能量場，你就能在物質世界獲取你所想要的東西了。

你相信你可以嗎？越強烈的相信，意念波就會越強大，最後會改變DNA的複寫與傳承。**每一個人都是帶電的，電是信號，你怎麼樣打造自己的能量場？你輸入什麼樣的意念？都會透過神經元傳遞出來，吸引到相關的人事物，形成你的能量場。**

DNA是一個螺旋結構，這螺旋結構透過我們產生意念的同時，在傳遞中吸收能量，然後在旋轉的過程中，產生震動的能量，其中包括恐懼及愛的震動能量，並與外在世界連結。

情緒就是想法，你的想法與基因之間存在著物理聯繫，情緒直接影響了DNA的結構，更直接決定了每天經驗到的物質世界。

五感供給DNA養分，DNA將這些信號儲存下來，透過神經元再將信號傳遞出去，來到意識層面，成了我們的感受與情緒。神經元像樹枝，像網狀一樣不斷快速向外擴張，遍布全身，最後形成你的能量場。

你到底在想什麼、在說什麼、在做什麼，你以為沒人知道，其實早已透過這些實線或虛線的波動，將信號傳達出去，連對方都感受得到。有些人的能量場很混亂，你一看到就會有感覺的，跟那樣的人相處，不用說話就讓人不舒服。

把定義弄清楚才不會一直遇到不符期待的事件，不然你會憤怒、生氣、到處抱怨，這樣的意念波會與全身細胞共振，最後你只會得到憤怒與生氣，全身的 DNA 會這樣一直複寫下去。

細胞只會一代比一代堅強，DNA 會複寫，把你日常生活、身體力行的實際樣貌，都傳承、複寫到下一代。為什麼有錢人會越來越有錢，窮人會越來越窮？為什麼勇敢的人會更勇敢，膽怯的人只會更膽怯？你真想翻轉你的人生嗎？上帝說：「凡有的，還要加給他；沒有的，連他所有的也要奪過來。」

細胞與情緒的關係很大，你的情緒越穩定，細胞收到實線的意念波就多，意念波越強大，它就會產生越強大的力量。

你說：「可是我每天念經、三餐禱告，而且盡可能都吃素了呢！」你以為這些行為會讓你擺脫負面的情緒嗎？情緒是來自於真實的反應，你說你吃全素了、你禱告了，你甚至每天轉貼善知識，但是你逢人就抱怨、看不慣就謾罵、你覺得大家都在陷害你、你四處與人交惡，這才是真正創造內在環境的酸性體質。

你全身細胞都收不到好的、真實的正向信號，這跟你是不是吃素、是不是每天念經禱告有什麼關係？你嘴上一樣得理不饒人、你喜歡到處找人舌戰、筆戰、你的語氣永遠帶攻擊性、你的眼神就是讓人不舒服、你自我意識永遠那麼強大……，這些才是真實的發生，才是你全身細胞收到的信號。**我們必須真正身體力行做出行動，而不是永遠都是嘴上竭盡所能說的那些**，你的心態是什麼，你的內心世界都知道，看看眼前真實的樣貌就知道自己真正在想什麼。**真正的修行在生活中，而不是在道場或嘴上。**

我們總是在心存僥倖、占人便宜、口出惡言、行為不檢之後，再用吃齋唸佛、雙手合十嘴上說著感恩，以為這樣就能夠功過相抵，獲得心寧上的平靜？想要獲得物質世界的享受、想要心安、想要自在，除了念經吃素之外，你自己的狀態要相對的穩定。想要擁有這樣的狀態，就要從認知定義去調整，不要一遇到跟自己認知不同的，馬上又開始我對你錯了。如此二元對立，你還是生氣、還是不能接受、還是不能給予祝福，這才是你最真實的能量場。

為何人們常常嘴上喊著：「我一定要成功！這一次我絕對不會放棄！」但是三天過後就被打回原形？因為你只是說說而已。你沒有真的身體力行，沒有讓大腦感受到你的決心，最後DNA會再次複寫上你的長項——嘴上功夫。每天說一做二想三拿四、善變、怠惰、虎頭蛇尾，你所以為並熱中的當下，在意識層面和內心世界的解讀是截然不同的。持續身體力行可以改變大腦的思考迴路，最後才能改寫DNA密碼，內在與外在兩者相互影響著，成為了現在的我們。

實線與虛線都可以創造DNA旋轉的狀態，很多學生在持續學習一段時間之後，發覺生命改變了，他們實線的波跑出來了，也不自覺的改寫了DNA。

人會感恩、具有包容性、是良善的、有創造力的，都是因為我們在不斷的學習過程中，從接收不同想法到身體力行，不再只是嘴上說說。當你真心認同，你已改變了你的DNA密碼，最後會牽動外在世界。

如果我們不改變內在的狀態，外在就會一團混亂，外在出現問題，一定是因為內在有哪些沒有處理好。

幸福全都卡在關係裡

關係不應該建立在迎合討好，傾斜的關係一定會出問題。

有一位跟在我身邊學習了好一陣子的馬來西亞學生，因為婚姻問題太困擾了，跑來找我求救。她把她跟她先生之間的對話傳來給我看的時候，我相當傻眼的跟她說：「縱使我花了這麼多時間與妳對話，依然不見你們夫妻的關係好轉，原來妳是這樣跟妳老公溝通的啊！難怪妳的婚姻關係一直沒有進展。」

這位學生的工作能力比較強，擁有自己的業務團隊，她的老公也在這個團隊中。老婆是團隊的注目焦點，老公雖然是得力助手，但光環永遠在老婆身上。

這對夫妻從馬來西亞飄洋過海來找我，可以想像他們的焦慮。每次只要跟他們聊過，感覺他們的關係似乎有些許改善，接下來應該不會有太大的問題。但不到一個月，那位妻子又寫信給我，說他們又吵架了，她不知道該怎麼面對她老公才好。她說她老公很強勢、很凶、態度很不好、不肯原諒她，問我到底該如何是好。

直到我看了她傳給我的對話內容之後，我終於看懂他們的問題了。

公：「妳幾號有時間可以去？」

婆：「抱歉啊，四號、五號、六號，不知道這樣子可以嗎？你看看決定怎麼樣啊？」

公：「那所以妳到底有沒有要跟我去，如果不想幫就算了。」

婆：「不好意思啊，對不起，你講的那個時間我真的已經安排事情了，可不可以改天呢？」

公：「妳永遠都自作主張的安排一堆我不清楚的行程，最後讓我背負著『我老是在狀況外』的形象。」

婆：「我安排了另一個團隊的訓練啊，能推的都推了，九號跟十一號真的推不掉啊。可否選在四號、五號、六號這三天，任選一天都可以的，可以嗎？」

公：「不用了。」

婆：「不要這樣子啦，我真的已經都先安排好了啊，真的不是故意的。」

公：「反正我這是小 CASE，對妳來說根本就不重要，不會影響到妳的大團隊，妳忙妳的。」

婆：「可不可以啊？不要這樣子啦，誰說你不重要的啊，我從來沒有這樣子認為你的。」

公：「不需要了，隨便妳。」

婆：「四號、五號、六號這三天可以嗎？不然或者你有沒有其他時間？可否讓我知道，我一定配合，就是只有九號跟十一號不行啊。」

公：「妳的重要是什麼，我看不到。」

婆：「不要這樣，不要生氣，怎麼會看不到呢？」

公：「不要再用妳那些大道理、大哲學來糊弄我，我不會再被妳騙了，會賺錢了不起嗎？」

婆：「你有什麼沒有的嗎？我什麼都沒說，你幹嘛生氣？不要生氣啊，我跟你道歉好不好？」

公：「妳說我很重要不是嗎？」

婆：「對，當然，一直以來我都是這麼想的。」

公：「有嗎？我不覺得，一直以來我都不覺得。」

婆：「難道不是嗎？為什麼？」

公：「請問妳給過我什麼了？」

婆：「你要什麼我都可以給你啊。」

公：「衣服、內衣褲，還是日常用品？說真的，我不是寵物，我不稀罕妳的那些施捨。」

婆：「什麼意思？你為什麼要這樣子說？」

公：「這些東西都是妳可以控制的範圍，妳總是用錢來打發我、控制我。」

婆：「我的控制範圍？沒有啊。」

公：「到頭來，我什麼都沒有。我的時間都貢獻在妳的團隊上了，我幫妳做牛做馬，現在我只要求妳十一號，妳卻跟我說妳不行。」

婆：「那你到底要什麼呢？求求你跟我說啊。」

公：「太遲了，我什麼都不要了。」

婆：「我說過了，我現在擁有的是我們的、是我們共同的，不是我一個人的。」

公：「我再也不想對妳那虛偽的團隊付出什麼了，以後我不會再參加、出席了，這個團隊讓我覺得噁心，就留給妳去騙下一個人吧，這個團隊我一點都不稀罕。」

婆：「我說了算，我說過了，這個團隊是屬於你的就是你的，我真的沒有騙你，你到底要什麼，拜託不要這個樣子啊！」

公：「不用了。我十一號會自己去，我也不需要妳幫忙了，妳就好好去做那種收買人心、壯大團隊的工作，妳自己看著辦吧。我不想再跟妳多說了。」

看完這些對話，可以想像得到那位丈夫的情緒，一定是很生氣，很憤怒的。

「怎麼辦，我老公不理我了，他好生氣。」

「我看完，也不想理妳耶。」

「啊？為什麼？老師我哪裡做錯了嗎？」

「妳從一開始的對話就錯了啦，妳完全沒有在溝通啊！」

「啊？什麼？老師我照你上課時說的啊，不是要認同對方、同理對方嗎？怎麼會沒在溝通呢？」

「妳告訴我哪一段、哪一句是認同了？這不是認同。妳有沒有發現妳都在可以嗎、好不好、不好意思、對不起啦、不要生氣啦⋯⋯」

我繼續解釋：「不論是什麼關係，在溝通的對話過程中，妳都在矮化自己，妳會讓老公坐大不是沒有原因的。一個人如果收到對方的回覆是：『不要生氣啦！不要這樣啦！』這其實是給予對方力量，認同對方可以朝我們施展火力全開的攻勢。本來沒有要生氣，卻被妳提醒原來是可以生氣的，那當然要來生氣一下才行。他會莫名其妙的逼著妳一步步退讓，最後妳的語氣會彷彿像跪著道歉一樣。我不知道妳錯在哪裡，看起來只是時間上喬不攏，但妳竟然可以讓這樣的對話延續這麼久。」

「所以我該怎麼回答他才對？」

「妳讓他想要繼續罵妳的情緒，一直蔓延燃燒著。」

「怎麼可能？」

「你們兩個現在的關係本來就不太穩定，妳以為妳在解決問題，其實妳一直在製造問題。妳為什麼要讓自己這麼卑微呢？如此唯唯諾諾，幹嘛？你們是夫妻，他不是妳主管也不是妳老闆，就算是面對主管，也不應該是這樣的態度。看了你們的對話，我都覺得妳一定是做錯了什麼，不然為何這麼心虛？」

這對夫妻的對話我看了覺得好辛苦，這是什麼樣的內心狀態？**一段關係如果建立在迎合、討好，就等著出事。**不是要你強勢或不尊重，因為所有的關係都是對等的，沒有誰比較大、比較對的問題。

每一次的對話最後會走向如此的局面，都是在雙方同意下展開的結果。

「妳老公為什麼會氣成這個樣子？」我跟這位太太說：「妳活該。」我很了解這一對夫妻的狀況，所以我給出了一些建議。但這並不代表每個人遇到問題就得照本宣科的處理，我只是透過這個故事讓大家知道，我們在回應的時候，不應該讓對話的力量傾斜，否則兩人的關係遲早會出現問題。

不是什麼理念不合，根本是自以為厲害的亂溝通。

「請妳把可以嗎、你看看、為什麼、什麼意思呢，統統拿掉，不要出現在妳跟妳老公的對話中。」

「啊？統統拿掉？那還要聊什麼，怎麼溝通？不懂！」

「妳把那些拿掉的字改成：嗯嗯、喔喔、好的、對的、沒問題、瞭解喔。用驚嘆號跟句號取代問號。」

「這樣子要怎麼溝通啊？」

「這絕不是強勢，我也沒有要妳強勢，我就是要妳去認同他。」

「可是他在生氣耶？」

「妳沒發現他已經失去理智了嗎？只有讓他覺得你們的對話不知道哪裡怪怪的，他才會恢復理智，才不會一直亂說話。所以去認同他，認同他怎麼會是讓他生氣呢？順著他的話講下去啊，認同他就是喔喔、嗯嗯、沒問題喔，最後再嗯嗯、嗯嗯、瞭解了。」

「就這樣一直嗯嗯喔喔就好嗎？」

「妳重新看一次，如果改成這樣對話，會變成怎麼樣？」

公：「妳幾號有時間可以去？」

婆：「四號、五號或六號喔！」

（原本妳回：「抱歉啊，四號、五號、六號，不知道這樣子可以嗎？你看看決定怎麼樣啊？」）

「懂意思嗎？有感覺哪裡不一樣嗎？本來是不知道這樣子可以嗎？現在第一時間的對話就改成四號、五號、六號喔！妳老公會怎麼想？」

公：「那所以妳到底有沒有要跟我去，如果不想幫就算了。」

婆：「喔，好的！」

（原本妳回：「不好意思啊，對不起，你講的那個時間我真的已經安排事情了，可不可以改天呢？」）

「搞什麼？妳老公肯定氣到要抓狂了，但他絕對沒想到妳會這麼回應他。妳只是順著他的話聊下去而已，十多年來你們的關係模式就是這樣子，所以妳走不出這樣的模式，妳被這樣的互動給綁架了。他會抓不到妳的邏輯，心裡不知道怎麼一回事，覺得妳怎麼突然間變大了，但又沒辦法反駁妳。」

「還可以這樣子回喔！」

「當然可以！」

公：「妳永遠都自作主張的安排一堆我不清楚的行程，最後讓我背負著『我老是在狀況外』的形象。」

婆：「喔！」

（原本妳回：「我安排了另一個團隊的訓練啊，能推的都推了，九號跟十一號真的推不掉啊。可否選在四號、五號、六號這三天，任選一天都可以，可以嗎？」）

公：「不用了。」

婆：「嗯嗯！」

（原本妳回：「不要這樣子啦，我真的已經都先安排好了啊，真的不是故意的。」）

公：「反正我這是小 CASE，對妳來說根本就不重要，不會影響到妳的大團隊，妳忙妳的。」

婆：「瞭解。」

（原本妳回：「可不可以啊？不要這樣子啦，誰說你不重要的啊，我從來沒有這樣子認為你的。」）

「從第一句，最多到第二句的對話，妳老公基本上就沒辦法再繼續往妳的空間界線入侵了，因為妳的嗯嗯代表了認同，他沒辦法繼續無理取鬧。之前是因為妳創造了讓妳老公不斷入侵底線的對話空間，妳完全失守。妳讓妳老公越講越生氣，甚至產生了優越感，他開始不自覺的指責妳，妳讓他有機會一次又一次的罵妳。如果他收到妳的回應是嗯嗯、啊啊、喔喔、好的、OK、瞭解、沒問題。這些回應就是妳展現出來的態度，也是妳的底線，對話往返應該不超過五次就會結束了，而不是出現一大串莫名其妙的鬼打牆。事實就是，是妳讓他越講越生氣的。」

「我以為只有不要啦、不好啦、對不起、抱歉，他才會息怒，不會繼續生氣下去耶。」

「我們的態度要堅定，但不要強勢，也不能是卑微的。當你讓對方覺得他是對的，那麼妳就是錯的了。不是因為他沒修為，而是從心理層面來探討，我們每個人的內心狀態都會走向那樣的理解與認知。」

「我從來不知道啊，一直就是無法處理這樣的關係啊。」

「你們結婚多久了？」

「十二年了，我一直都是這樣的回應，從來沒有嗯嗯啊啊過，不知道可以這樣子處理關係。」

「不用去對付老公，那樣太累。你們如果現階段沒有對話空間，就不要無限延伸你們的對話，妳就是怕老公生氣，結果他總是在生氣，所以你們的關係一直處理不好。」

「是嘍……」

「基本上，只要第一個嗯嗯、好的，就不會再出現後續的對話了。是妳自己一直問可以嗎、好嗎、去嗎？妳不要受到對方能量場的干擾，他怎麼說，妳就怎麼接受他所說的就好了，就是嗯嗯、喔喔、好的，這樣就好。不要怕被討厭，停止去迎合、討好對方。」

「我懂了，他十二年來性格變得越來越嚴重都是我造成的。我的天啊，我現在回想過去和他的所有對話，真的全都是在懇求他耶。對話結束之後的不舒服，使我自己內傷得更嚴重，我更討厭自己那個樣子。」

當兩人的能量一大一小時，在關係的處理上，就不應該再給對方那種「可以嗎、不要這樣、我沒這樣認為、拜託啦……」，問號與反問，只會讓失去理智的一方繼續坐大，繼續有權利、有機會讓自己發瘋。

每個人都應該為自己的言行負起責任，所以「嗯嗯、喔喔、好的、瞭解」等等，就是一種祝福，讓對方明白，他必須為自己的言行負責，我們只是透過這樣簡潔有力的回應，將責任交回給對方。

連自己都不支持自己，可想而知這傷痛有多深。學會取悅自己才是一輩子的事，然而我們其實都在做一些傷害自己、不支持自己的事。自我否定的能量傳遞到全身的DNA，當你遇到了下一個男人，仍舊會是這樣的相處模式，因為這種模式已經成為你的反射動作，你已經為這樣的關係定調，最後只會越來越痛苦。

關係定調：每一段關係的遊戲規則，都是彼此認同後展開的。

「為什麼我爸媽從小就要這樣對我？」「為什麼我主管要這樣搞我？」「為什麼我老公……？」「為什麼我老婆……？」「為什麼我的小孩……？」「為什麼我的朋友……？」

生活中的人際關係不斷在消耗我們的能量，使我們呈現全身無力的癱軟狀態，不是我們所面臨的事情多困難或多複雜，而是事件背後的人與關係，才是讓人精疲力竭的主因。

關係結構如果沒有改變，只會繼續發生讓你吐血暈倒的劇情。

我們快速的與人發生關係，一段時間過後，即會發展出最適合雙方、最有默契的互動模式。雙方在互動中適應與接受對方，不論這樣的關係是好或不好，一旦成為習慣，彼此的關係就此定調，很難再改變。很多人在關係中過得並不開心也不快樂，但仍舊繼續在荊棘中憤怒、痛苦與哀嚎，很少人能鼓起勇氣改變這樣的結構。

這些人說內心好苦、說父母親如何強勢的主導他們的生活，逼迫他們妥協於權威之下，他們說再也受不了，很想逃離這樣的痛苦。「很棒啊，那就逃離啊！」通常我會這樣子回應。他們的回答跟我預期的差不多，他們會說：「但是、如果……」表示他們沒有打算要改變，只是要來取暖，找存在感。

我問當事人有兄弟姊妹嗎？「有啊！」那請問：「你的兄弟姊妹跟你一樣痛苦不堪嗎？」「沒有！我的兄弟姊妹才不管我的爸媽呢，只有我會在意我爸媽的感受！」

這就是關係定調！

俗話說：「會哭的孩子有奶喝。」媽媽不是不愛你，而是她只能先安撫哭得最大聲、哭得最凶的那一個。你餓了又不會說，平常要你幹嘛你就幹嘛，所以媽媽就覺得你最乖或者你不餓，暫時可以不考慮，暫時不需要擔心，不需要處理，時間久了，你和你媽媽的關係就定調為這個樣子了。

如果，你一開始就選擇了用迎合討好的方式處理關係，一旦定調，你勢必要從此迎合討好；如果，你一開始就用不回應、不搭腔來面對關係，一旦定調，這段關係就會以不回應、不搭腔來呈現。

所有關係如何運作與互動，都是經雙方認同與妥協後，才會繼續往下走，沒有人教我們該怎麼面對關係、處理關係，只能自己去理解或模仿身邊的人。過不了多久，我們的心裡會慢慢出現一些聲音，告訴我們不應該再繼續這樣下去，這樣的關係正在一點一滴侵蝕我們的愛與耐心。這時才知道，關係，早已讓我們用盡力氣卻無力回天，不知道該怎麼走下去了。

關係定調之後，寵小孩的父母只能越來越寵小孩，寵到小孩無法無天，直到某一天你已經無法約束你的小孩了。該如何突破僵化已久的關係結構？改變，會換來痛苦，但不改變這關係結構，更痛苦！

常有很多老婆會說自己老公以前不是這個樣子，現在越來越誇張，甚至常在外面過夜，不回家睡覺了。所謂關係的定調，就是有一次就會有第二次，大概三次之後就會變成習慣，彼此就像簽了合約似的，心照不宣，這默契是彼此同意的，這段關係就照這合約走下去。

定調的關係會讓我們以為，我們沒有辦法改善現況，會讓我們以為，是我們沒有足夠的勇氣去面對。仔細想想，**所有的關係一開始時都是勢均力敵、平衡和諧的，雙方的力量是相同的，沒有輕重強弱的問題。**定調只是一個假象，我們被這假象拖累，以為只能接受，束手無策。如果要改變這樣的關係結構，只要在生活中慢慢找回以前的感覺，重新讓自己站在關係的天平上，彼此學會尊重、傾聽，不把配合當成包容，我們將不再受盡委屈，可以重新讓這段關係看見陽光，重新讓關係平衡。

不和諧、失衡的關係，不就是我們認同、妥協的結果嗎？**一旦關係定調，雙方都是加害者，最後都變成受害者**，彼此折磨，時間一到就會火山爆發，誰也沒有辦法在這段關係中得到好處。

如何從錯誤、痛苦的關係定調中掙脫開來，是必須在生活中練習的，如果我們越逃避，越不想去面對，這樣的關係結構只會越固化，只會帶給我們更多的痛苦，你會感覺對方的行徑越來越難以理解，簡直無法想像。**關係定調就是一個雙方達到共識的過程，所以自己也身陷其中，有病的不單單是對方，當事人多數都會以受害者自居，往往也享受著這樣的關係結構，真的很變態。**

我十多年前還是上班族的時候，有一位同事小美，籌備了多年的全家出國旅遊，今年老闆終於批准了，她訂了機票、酒店，全家人歡欣鼓舞的等著小美的假期來臨。

但就在休假前兩天，總經理跟小美說：「小陳也要休年假，你們兩個沒辦法同時休假，妳調到下個月再休吧。」

小美頓時青天霹靂，她跟老闆抗議：「我們全家都準備好了，而且我在半年前就已經向您報告，您也同意了，機票酒店全部都付錢了。」

「是啊，我知道，可妳也知道小陳那性格，我哪招架得了啊，我根本擋不住，他就是一個會一直亂的人。妳向來服從公司的安排，都會以大局為重，個性也比較溫馴，是一個有責任感的人，妳最懂事了。」

小美回到座位上，委屈的哭了起來。「為什麼每次都是我！老闆每次只要是遇到公司某些人跟那些特別難處理的事情，好像那些人就是不能招惹，凡事都得順著他們，反而犧牲我，是因為我好說話嗎？」她邊說著邊打電話去航空公司，準備把機票延期、把酒店給退了，但她還不知道該怎麼跟她爸媽開口說這件事情呢！

我跟小美說，如果妳又再一次妥協，以後注定沒完沒了了。但小美沒有勇氣再去和老闆爭取到底，我跟小美說，不然我做妳的職務代理人吧，最後老闆也同意了，她終於可以開心的與家人去旅遊。

我當時只是覺得，雖然小美是員工，但也不能讓老闆這樣予取予求，凡事配合、一直退讓，結果就是永無止盡的妥協。老闆對其他員工的妥協、小美對老闆的妥協，這不論對老闆、對其他員工，抑或是小美，他們的關係全都定調了。在小美剛來公司上班，與老闆的關係定調後，就已經注定會有這些事情發生了。

現在的我重新看待這件事情，我不會像過去那樣處理，我會尊重每一件事情的發生。這是小美自身的問題，她要自己去處理，我同情了小美，於是我改變了我和她之間的關係定調，之後她遇到了什麼問題都會來問我，最後成了我的生命功課。

我當然是心甘情願想要幫忙小美，但在面對關係的養成與處理，一定要記住：「這件事情如果不處理，誰會倒楣？」如果你不是那個會倒楣的人，你就不應該插手過問，不要去介入他人的生態。

問題該是誰去處理就是誰要去處理，不幫忙才是最大的幫忙。小美必須學習她自己的人生功課，既然知道是自己好說話，那就應該自己去承擔兩邊帶來的壓力，而不是讓自己痛苦。她只要過了這一關，改變了關係結構，就可以重新定調關係了。可是她沒有處理，我卻把她的人生功課拿來成為我的功課了。可以讓小美全家人開心的出國是多麼可喜可賀的事情，但我終究是插手介入了他人的生態。

我當時認為自己做對了一件事情，特別是小美跟我的私交也不錯，但這就是沒有處理好關係，我應該學會去尊重並支持她的所有選擇，她才能真正成長，是我剝奪了她成長的權利。之後小美有事，第一時間都是找我幫忙，她之前在工作上遭遇的痛苦，最後統統轉嫁到我身上，變成了我的痛苦。當時沒有人教我怎麼樣去面對關係、處理關係，這太重要了。

每個人都希望自己在團體組織裡面受人歡迎，於是我們成了好人好事代表，最後被貼上了好人的標籤。這一個標籤定調了我們彼此的關係，並一步一步的侵犯我們的自由。

「謝謝你，你這麼好，我就知道你一定會幫我！」

「全公司只有你不會拒絕我，你真的是一個大善人耶！」

「朋友聚會這麼難得，你錢賺最多，本來就應該你付錢啊！」

「就算你現在有苦衷，有房貸、有車貸，但看你弟妹有困難，身為長子難道能坐視不管嗎？你總得想想辦法啊！該借錢就去借錢啊！」

關係定調是我們一輩子的功課，多數人都處理不好。你看那些渾身是刺、善於拒絕他人、一惹就毛的人，永遠落得輕鬆自在。人性就是這樣子，柿子挑軟的吃、欺軟怕硬、拜高踩低、得寸進尺、欺負傻孩子、欺騙老實人。

「怎麼會這麼不公平？」你覺得受了莫大的委屈。但，其實是你自己允許他們這樣欺負你的，或者是你自己在欺負自己，因為在你們互動的過程中，你允許了這種平衡，定調了彼此的關係。

拒絕分離就是拒絕成長，所有的祝福與愛都變成有條件的。

小孩子不寫功課，誰會倒楣？當然是小孩，可是父母親看不下去，教了、念了甚至毒打一頓，小孩子還是不寫，很多父母親乾脆幫孩子做完他們的作業。

父母幫忙寫完一次、兩次，這關係就定調了。你會開始聽到許多父母無奈的表示，拿小孩沒輒，淨說小孩沒用、沒有責任感；再不用多久，你會看到這個家庭，即將上演親子關係的衝突戲碼了。關係定調之後，求神拜佛也沒用，除非其中一方願意去改變既成的關係結構，否則只會越來越嚴重。

在關係的處理上，就是一個願打一個願挨，關係定調了，就是在彼此認同合意下發生的。然而你在一剛開始就可以不要的，不要做了又來抱怨，這種人不僅不善於處理關係，心理更是有病。

人與人的關係之所以這麼緊繃、有那麼多的紛爭，是因為一開始我們就習慣大剌剌的進入他人的生態，指揮甚至干涉他人該怎麼完成他們的工作，我們總是無法與關係做出有效的分離，最後沒有人是舒服的。

「那小孩課業成績跟不上該怎麼辦？難道要等到成績荒腔走板，學校都打電話來了，我們做父母的才要去正視這個問題嗎？」

當然不是！「一切都是為你好！」這樣的以愛之名，才會延伸出許多報復行為。很多時候你會發現，許許多多的「為你好」，其實是父母親自己過不去，他們覺得臉上掛不住，沒有勇氣面對孩子成績不好的事實，其實都是父母親自己的虛榮心所害，最後把壓力轉嫁到小孩身上。父母親內心有沒有一丁點虛榮的成分，小孩子心知肚明，他勢必會對此做出某些回應。

「一切都是為你好。」這種以大對小、以上對下的家長式作風，只會讓關係掉入了泥淖。一方面我們已經預設了「你的生活由我來作主」，內心會不自覺的投射出一種：「對方沒有相應的能力去安排自己的生活。」

聲稱「我是為你好」的人，很喜歡插手介入他人的人生劇本，但他們並沒有要承擔責任的打算。不經思考的善意，往往在關係中會是一場災難，在「我是為你好」的糖衣包裝下，受傷的永遠都是他們想要幫助的人。

那怎麼辦？

認同與給予。我們必須同理、認同當事人做出的每一項決定，並給予他們最大的支持與力量，要讓他們知道，他們本應獨自面對這一項課題，在對方沒有請求的前提下，我們只要看著、認同並給予祝福就好。這才是關係定調養成的必經過程，才能做到分離帶來的成長。

在家庭結構中，橫向的夫妻關係遠大於直向的親子關係。但現在很多父母親都把重心放在小孩身上，小孩長大之後要如何與父母分離、切割，將是小孩的最大課題。孩子長大後會有自己的另一半，這婚姻關係與原生家庭關係就會產生很奇妙的氛圍，父母明明祝福小孩成立自己的家庭，可是小孩在與父母長久的關係定調下，卻無法恰當的與父母關係分離。

就算再親密的親子關係，如果沒有辦法分離，就是一種拒絕成長的心理狀態。從這一段親子關係中，可以看見父母與孩子的內心都是脆弱的，他們都害怕失去對方，他們只想陪伴在彼此身邊，離不開彼此。沒辦法分離，就沒辦法祝福彼此。這樣的愛只會讓雙方更有壓力，孩子在接受新的愛，並與其共組新家庭的時候，許多原生家庭關係的問題將一一浮現。

健康家庭的鐵則：

- 所有關係均不可凌駕於夫妻關係之上，先處理橫向的夫妻關係，再處理垂直的親子關係。
- 夫妻關係是家庭中的第一定律，夫妻同調，家庭教育才有力量。
- 夫妻關係擁有發言權，家庭便穩如磐石。

要落實這樣的家庭關係，我們隨時要提醒自己並鼓勵身邊的家人：

- 如果你是兒子，要隨時提醒自己，爸爸才是媽媽最愛的人，我真心祝福他們；
- 如果你是女兒，要隨時提醒自己，媽媽才是爸爸最愛的人，我真心祝福他們；
- 如果你是父親，要讓女兒明白，我好愛妳，但媽媽才是能陪伴我一生的人，我也祝福妳找到能陪伴妳一生的人；

● 如果妳是母親，要讓兒子理解，我好愛你，但爸爸才是能陪伴我一生的人，我也祝福你找到能陪伴你一生的人。

我不管從事什麼工作，一直到後來出來創業，家裡對我都是支持，我不用擔心他們是不是會不高興，生氣了怎麼辦？一直以來，我的腦袋裡都沒有這一層顧慮，不管我做了什麼決定，我腦海中都不會閃過他們感到委屈難受的神情，他們才是真正內心強大的人。很感恩我的父母送給我這麼棒的生命禮物。

自律必須在生活中身體力行，關係便得以改善。

只要腦袋清醒著，我們的五感隨時都在接受刺激，很多人繞了好大一圈，才發現自己的每一個關係都被自己弄擰了，這時才四處找人、找方法來處理關係，這勢必得付出相當大的代價。

好好調整自己的心性，處理好關係，成功何必急於一時。

只有專注才會讓你的細胞靠攏、連結、合併，讓你的意念與外界產生很大的連結與力量，只要花三年至五年的時間，……覺得太久嗎？那你真的要花一輩子去領悟了。

四年前，有一位一九九二年出生的小男生跑來找我，當時他才二十一歲。

「我要到哪一年才會成功賺大錢？」

「你想賺多少錢啊？」

「最好一個月要賺台幣一百萬吧！」果然英雄出少年，這小子有前途，敢夢想。

「給自己十年的時間好好打拚，期待看到你的成果。」

但他聽到十年這個答案相當不滿意，他覺得不可思議，「竟然要這麼久，十年之後我都三十一歲了，還能幹嘛？我是不可能讓自己到三十一歲了還停在那樣的水平……」

「三十一歲可以月入百萬是一個什麼樣的水平？你知道現在這個社會，很多人三十一歲月入十萬元都做不到。」

「那是這些人沒能力，我不可能讓自己的人生，跟那些過得像鼠輩的人一樣悲慘。」

「二十年！因為你的態度，要達到目標至少還要延後十年。這樣你還是覺得太久嗎？三十年！或許那個時候，你就能看出自己的問題在哪裡了！」

我們總是想找到最快、最快、最快成功的方法，但這種態度有多麼不切實際，趾高氣昂，不懂得尊重每一個生命。

四年後，我再度遇到這個小男生，這四年換了將近二十個工作，一直在找可以讓自己最快致富的方法，結果，持續讓自己處在一種從沒有穩定過的狀態，一直在變動。這種前科累累、不專注的真實經歷，讓DNA早已複寫了這樣的行為與人格，他的外在行為沒有真正改變，他想要的結果根本是癡人說夢。我們以為最快的捷徑，卻成了最慢的結果，還染上了一身不好的習氣，更賠上了內在世界的環境，這樣的代價太大了。

我們的大腦活動量太大，只想著自己要成功，卻沒有將同理放在其他人身上，最後讓自己變成了一個自私自利的人，不但身邊所有關係從沒處理好，自己所期待的成功也未曾來過。

忠於事實

有一次，在我與老師進行的共同治療的過程中，我的老師問我怎麼看這個案子。我跟老師共同的結論是：這個被判定精神分裂的小孩只是個代罪羔羊，最大的問題在父母親身上，但那會是最大的祕密，如果父母親一直不願意正視他們自己的問題，這孩子只能繼續分裂下去。

這個小男生不能接受父母吵架、說要離婚，他選擇以蹺家、自殺來表達抗議，因為只要他尖叫、哭鬧、恍神，他父母親就會緊張的來照顧他，也不繼續吵架了。父母沒看懂孩子的心理狀態，覺得孩子會有這麼多激烈的表現，一定是精神上出了問題。

他們全家都認為，家裡之所以會變得這麼亂，都是因為這小孩引起的，家裡沒有任何人同理、支持這個孩子，讓他獨自面對整個家庭的責難，但是其實他才是最沒有問題的。

在一次對話中，我問了這對父母他們的婚姻狀況，他們不解的反問我：「不是應該聊我們的小孩嗎？為什麼要談我們的婚姻關係？」這對夫妻很顯然相當抗拒這種話題，他們的表情證實他們的婚姻已經亮起了紅燈。但他們卻不想多談，他們選擇逃避，他們不懂這跟小孩的狀況有什麼關係。聊到最後，老婆說出老公外面早有女人，夫妻倆十多年來沒有性生活了等等。他們的問題沒有解決，小孩的精神狀況就不會好轉。

我們都會認為自己沒有太大的問題，都是別人害的，才會變成這樣子。面對關係，每個人都像一隻鬥犬，永遠驕傲的武裝著，不容他人輕易侵犯。看見自己的真實樣貌，忠於事實，才能慢慢不被大腦控制，關係才得以改善。

積極正面的想像

在關係中，不管你是強者或是弱者，你都在用你所擅長的方式進行攻擊與保護，那是極具殺傷力的，最後並不會修復兩人的關係，反倒使雙方都成了受害者。

除非你已經不要這一段關係了，否則的話，可以試試看這樣的方法來修復關係——想像。

你不用當面對你的另一半說，只要在夜深人靜的時候，在心裡練習。

你或許會說：「唉呦！我這麼了解我老公（老婆），不用練習了啦。」正因為彼此太過熟悉，所以才需要練習，在自己想像的過程裡，你才能安心、無防備的拿下面具，真實坦誠相見。

請你試著透過練習，想像與對方正在愉悅的對談，你的另一半開心的聽你談論著所有的事情，先練習這樣的情境。

「不可能，我光用想的就知道，他怎麼可能會聽我談論我想談的事情啊！」你看看，就連在大腦裡練習想像的畫面都沒辦法和諧，兩個人真正面對面，哪可能平靜。

不論是夫妻、親子、婆媳、朋友或同事等各種關係，請你想像一下，當你面對這些關係時所呈現的畫面，能否讓彼此都處於溝通良好的狀態。不要只想像一次，你應該天天想像、天天練習，讓這種和諧的狀態，隨時都能出現在你的腦中，因為，透過你的意念波所創造出來信號可以和對方溝通，只要機會點到了，你會很自然的和對方交談，因為你已經練習了上百千次。

在此之前，你從來沒有想像過，可以這麼輕鬆的和另一半或是公婆好好聊天，即使你心裡一直這麼期待，但是從來沒有練習、沒有預演你所期待的情況。當你開始練習想像的情境，在想像世界裡，心是打開的，就像初戀一樣令人怦然心動。

請你的大腦不要急著回答說：「不可能啦！」只有在不斷的想像練習中，才能取得共識。但是很多人連想都不敢想，在一開始想像的過程中，或許會讓你感覺不舒服，但至少你願意去想像了，經過一次又一次的練習，你身上的能量場會帶動外在世界的改變，漸漸成為真實的畫面。你怎麼想，你的外在就怎麼吸引，在你開始練習想像對話的同時，你的關係就已經開始改善了。

想想吧，你現在一定有很多話想對某人說，或許是對你的另一半傾訴，或許是對你的爸爸、媽媽或孩子說，就盡情的、積極正面的去想像吧！有一天，你會突然發現，這些關係人突然對你和顏悅色展現笑容了。因為，在你無數次的想像練習中，你具備了勇氣，拿掉了面具，對著這些關係人微笑著；你想像了數百千次，直到在現實生活中，你的眼神也不自覺的柔和了許多。你們的關係在你積極想像的過程中被調整了，透過想像，重新定義了你們之間的關係，你的意念波透過神經元來回跑遍全身。

你喜歡誰，誰就會對你笑，你不喜歡誰，誰就會瞪著你甚至說你壞話。很神奇是嗎？這可全都是你自己想出來的，你已經默默的想像、預演了！

☑ 看懂你的能量場

腦袋能幫你做的有限，全都是能量場運作完成的。

當一個事件發生時，不要覺得可惜、遺憾或早知道，因為那是你自己決定的，你自己選擇的。

「早知道我就去那一間公司上班才對。」「早知道我就去大陸發展。」「早知道我就不要待在家裡……」「唉啊，好可惜啊！我真的好倒楣啊。」

如果你會說出這類的話，一定是不滿現況，心裡極度不認同現狀。**你不僅不願接受當下的狀況，更否定了你過去的選擇。當你身上都是不滿的情緒，你還能往前走嗎？**你應該接受，接受每一個當下的發生。

你到底給予你的能量場什麼？這些帶電的能量場，充斥著什麼樣的訊息？這些能量與訊息幫你吸引了什麼來到你的世界，成為你認知的實相？你認為你目前擁有的一切，都是靠自己赤手空拳打拚來的，的確，就意識層面而言，確實是這樣沒錯，但我們卻看不到實際存在的宇宙空間裡，所有的一切，都是能量彼此傳遞運作完成的。

意念，決定了能量場如何呈現，這能量場為你帶來超乎預期的自然發生。你說你不知道這些好與不好的事，究竟是怎麼樣出現的，其實這些驚喜都在你的潛意識裡，你老早就這麼認為、如此期待了。

什麼叫能量場？

能量場就是一直以來，你所想、所說、所做的，你與所有關係人的互動總和，這些全都會記錄在你內心深處，你長期以來是怎麼面對問題、處理關係，最後都成了你的習氣與慣性，這場域就是你的能量場。

你現在所思、所言、所行，統統成為你能量場的養分。**要看一個人的能量場好不好，最簡單的方法，就是看當事人與他所有關係的互動是好或壞。聽當事人講自己有多好、多棒都不準，而是要看他怎麼看待他周圍的人，而他周圍的人又是怎麼解讀他的。**你可以從一個人的眼神、表情、語調，找到蛛絲馬跡，最後，就能夠清楚一個人的能量場都消耗或成就在哪些地方。

你開過車嗎？你是怎麼讓車子啟動的？就算你不會開車，你也應該能理解汽車發動的操作流程。拿鑰匙、按下電動開鎖按鈕、把鑰匙插上、轉動、發動車子。如果沒有鑰匙，就無法開車門也無法發動車子，就不可能把車開出去了。所以，我們腦袋裡想到的是鑰匙讓車子啟動，要開車絕對不能沒有鑰匙，這就是眼見為憑的事實。

但事實上，讓車子發動的是什麼？是車子裡面的電池，你從來沒想過，能夠讓車子發動的關鍵一直都不是鑰匙，而是電池。車子發動很順利，我們就不會想到電池；車子發不動了，我們才會意識到，會不會是電池出了問題。

車裡的電池就像我們身上的能量場，是能量場催動著我們的生命不斷創造奇蹟，幫我們一步一步實現、完成心中所想、嘴上所說，但我們卻以為是手上的一大堆工具、系統、策略、組織等等，在協助我們完成目標。這不就像我們理解的，「是鑰匙讓車子順利發動」一樣的意思嗎？

假設公司要每個員工月底前賣出一百支手機，是否達成目標攸關升遷也影響考績與年終。這突如其來的消息讓大家措手不及，只好卯足了勁、想破了頭，思考該怎麼做才可以賣出一百支手機。

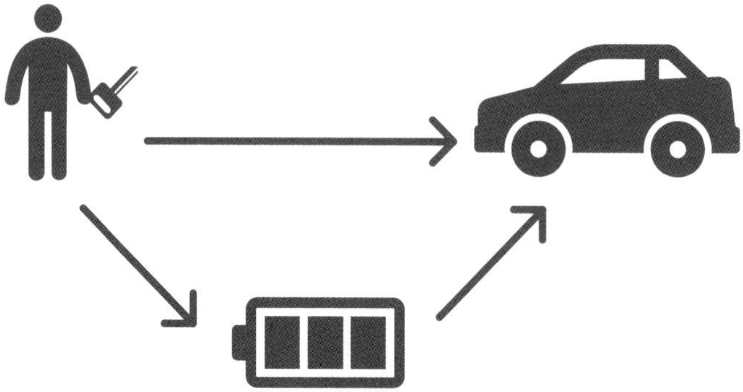

有人開始研究手機功能，期許在客戶面前展現專業形象；有人開始瘋狂列出客戶名單，越多越好；也有人直接積極的打起了電話，叫朋友多多介紹客戶；還有人先找同事練習各種處理拒絕的銷售話術；另外也有人向主管或資深同事請求支援，麻煩他們跟著前往拜訪解說。哪種方式對業績最有幫助，哪個方法能創造高業績，沒人說得準。

以上各種方式都是常見的業務行為，也都合乎腦袋能夠接受的邏輯，只是事發突然，有人信心滿滿，有人感到恐懼、萌生退意。沒多久，你就會聽到，誰誰誰已經達成目標，賣出一百支手機，除了恭喜對方，也開始緊張自己的業績，於是你趕快檢討名單是不是列得不夠多、電話再多打幾通、得要更勤勞的拜訪客戶、朋友介紹的客戶還不夠，繼續狂催名單，不管哪種方式，有人乾脆晚上留在公司奮鬥，挑燈夜戰跟它拚了。

那是因為你還不知道、不相信，關鍵在看不見的地方。

我為這樣力拚的業務精神感動，似乎所有成功的人，都是這樣用血淚、用時間換來榮耀，所以我們這些還未達標的人更應該效法他們、向他們學習。然而，關於人生目標、關於成就自己、關於訂單、關於業績……，其實在你周圍就環繞了一個大於你意識一億倍的能量場，只是多數人從不願花時間去了解，所以得到的就只有那麼一點。

如果你真的要心想事成，或者說，你真的想要快速輕鬆的心想事成，你應該要放下腦袋的想法，試著開始練習用你身上的能量場來為你執行。再說一次，**什麼是能量場？就是你與所有關係人，從過去以來至今的互動總和。**

為什麼有人一下子就賣出一百支手機，輕而易舉就達到銷售業績？是他名單列得夠多嗎？是他很認真在打電話嗎？還是他的朋友比較好，都很認真幫他介紹客戶？那是你看到的，你所以為的，這就是頭腦思維。

你不知道問題發生在哪裡，只能不斷跟前輩學習，你看到這些頂尖的業務同仁，跟你一樣打了電話、講了一樣的話，但他成交了。你再問他這業績是怎麼做到的，他告訴你，就是打電話、勤拜訪，就成交了啊！每個人都給你很多寶貴意見，告訴你應該怎麼做才對，但為什麼你的業績還是沒有出來？如果你繼續停留在這樣的循環裡，你絕對會崩潰，因為你不知道自己到底哪裡出了問題。

發動車子引擎的是電池，不是鑰匙。一個人的單位是0.000001%的物質加上0.999999%的能量，但你只看到物質，也就是眼前的這個身體，卻沒看到身上的能量，所以**你不知道能量能為你做些什麼。於是多數人只能繼續列名單、繼續打電話、繼續拜訪客戶、繼續苦惱，最後離開了這份工作。**

車子能夠順利發動是因為電池，那麼目標能夠達成，也一定有一個像電池一樣關鍵的東西，可以自然而然的就讓業績成交、讓客戶找上門。車子可以發動的時候，我們不會去思考電池出了什麼問題，因為發動的流程一直以來都相當順利；當車子發不動的時候，第一時間就會去想，是不是電池出了問題。神奇的是，電池其實從沒出現在我們的眼前，我們甚至不是很確定電池到底在哪個位置，可是我們卻知道有電池，而且猜測是它出了點問題。不會有人認為是鑰匙出了問題，如果你這樣想，可能會被笑你腦袋進水，連這麼簡單的道理都不懂！

既然是這麼簡單的道理，車子不能動就想到電池出問題，但目標沒達到，我們怎麼沒有想到，其實我們身上也有某種類似電池的東西呢？

我們的慣性思考一直停留在鑰匙，我們只想到再多列一點名單、一定是電話打得不夠多、應該多拜訪幾個客戶，或者是，責怪自己太懶惰，每天應該多加班三個小時，最好都在公司通宵熬夜，一定能急起直追。

拜託，你明明知道車發不動跟鑰匙一點關係都沒有，是電池出了問題啊！

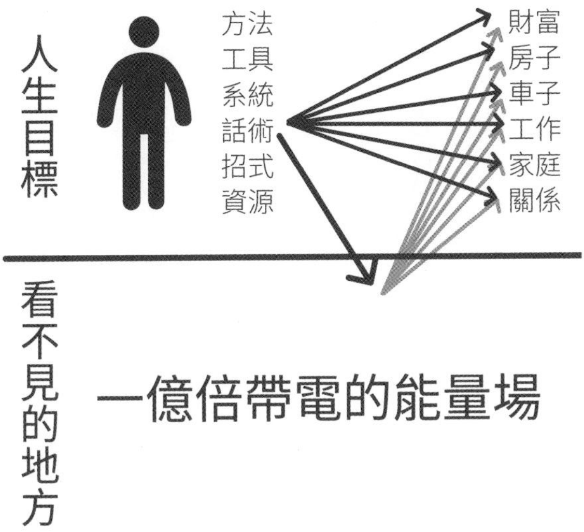

不管你銷售的是什麼樣的產品，道理都是一樣的。如上圖，我們的人生目標為何無法達成？不是圖中實線以上那些顯而易見的有問題，而是實線以下那整整一大片看不見、卻涵蓋範圍最廣的部分出了問題。

我們長期以來，不斷尋找這些我們定義中最強大的方法、工具、系統、話術、招式及資源等等，我們大量運用它們達成各種人生目標，若目標沒有達成，我們就繼續尋找更厲害的，然後再替換原有舊的。這跟我們前面提到的，拿著鑰匙去發動車子的原理一樣，真正激活引擎，能夠使車子發揮功能行進自如的，是電池，而不是鑰匙。

能夠達成我們人生目標的，一直以來都不是那些我們最善長使用的。圖中實線以下那一整片看不見的部分，就是我們身上的電池，那是一個有一億倍帶電的強大能量場。我們一心追求的人生目標，財富、房子、車子、工作、家庭、關係等等，終究得靠看不見的地方，幫我們實現。

沒看到不代表不存在，為什麼有的人一生順遂，總是能一關又一關輕輕鬆鬆的完成人生目標，這是因為他的能量場是強大的，總是能吸引他想要的。他早就擁有強而有力的電池。我們身上一樣內建了這顆電池，卻鮮少有人懂得使用它。**看得見的是事情，看不見的是關係。看不見的永遠比看得見的影響更加巨大。但我們卻花時間與金錢，在處理看得見的事情，殊不知關係才是關鍵核心。**

好的能量怎麼來的？它是與所有關係有著良好的互動而產生的，這些能量全是共振而來的。

回到我們的生活、我們的工作、我們的團隊、我們的生意、我們的各種關係，為什麼總是停在原地動彈不得呢？怎麼會有這麼多聲音，這麼多意見，這麼多阻礙？為什麼我們想要的一切就是得不到呢？是不是我們的作法不夠完善，還是策略錯了？

針對眼前可見的缺失，我們開始拉長上班時間，開始重列名單，每天多拜訪兩個客戶，最後我們把客戶嚇跑了，連團隊也跑光光了，我們還在自我安慰，繼續把吃苦當吃補，當你一覺醒來，你失敗得只剩下滿腔的情懷。

這是因為我們從沒有看懂真正的原因——人是能量不是物質，所以我們也要通電，要讓電流跑遍全身，所謂「全身」的概念，不是你所以為的身體，而是身體外無窮無盡，你所看不到但確實存在的能量場。

連鎖反應：希望某事發生，必須另一件事情先發生。

宇宙法則裡有一項相當重要的定律：「希望某一件事情能發生，必須另一件事情先發生。」這就很有意思了，你想要的結果明明是最重要的，但卻要把這項目標列入第二順位，你必須先完成某件事情，然後這個第二順位的目標才會發生，也就是說，如果你沒有讓某件事情先發生，你現在腦袋裡所想的事情就不會發生。

你希望業績好、希望賺大錢、希望關係好轉、希望受人歡迎、希望家庭美滿，那你必須先做出某種事情的轉變，這件事情先發生了，你所有的希望就會像連鎖反應一樣，一個一個冒出來。

這意味著，**當我們希望實現外在世界的一切目標，我們就必須先讓另一件事情發生，所以調整能量場才是當務之急，但多數人感覺這無關緊要，沒什麼好在意，縱使自身能量場早已攪動翻滾得厲害，一身習氣，依然不為所動。**

報酬是立即的！能量場會釋放出你身上的能量頻率，這頻率已經不是你腦袋所能理解跟接收的，但這頻率會自動與相同頻率的人連結產生共振。

一個認真的銷售員正專注的在解說產品，試著把車子賣給客戶、把美容產品賣給客人……，這和每天跟老婆老公吵架、跟我在外面劈腿、跟我和家人之間的關係不和睦，到底有什麼關係？這關係可大了，大到你無法想像。

你平時的生活裡，有劈腿、吵架、罵小孩、與人相處不睦，雖然你現在很認真的工作，一心一意向客戶做產品說明，你認為自己的所想、所說、所做，都專心致志在手上的工作，表面上確實是如此沒錯，但這是你外在的感知，還有一個強大的能量是你所看不到的。若要人不知，除非己莫為。

一個有虔誠信仰的人，如果平時一轉頭就罵小孩，正能量都被自己滅了。別以為只是罵個小孩、跟人吵架不算什麼，這些真實性已經發生，且進入了你的生態，包含你的潛意識、你的細胞、你的DNA，全都跟著你的外在實相同步更新了。即使你自認為是個工作認真的人，但在更多數的時間裡，你的意識很清楚自己的關係是混亂的，這真實的感受，也將使你的能量場混亂不堪。

所以，你想要有好業績，必須先發生另外一件事情。你一心期待能夠成交一筆訂單，那麼在成交之前必須先發生一件事情，那就是你已經先對他人想了什麼、說了什麼、做了什麼。

你必須想好的、說好的、做好的，才能作用在另一件事情上面。當你開始身體力行，不帶目的性的稱讚他人、感謝他人；很奇怪，原本焦頭爛額的業績開始有了轉機，你所期望發生的目標，開始出現變化。原來，讓業績長紅的，不是你多會說話，而是你先從能量場做出改變，也就是修正自己的習氣，改善與身邊人們的關係。

你的意念與張三產生良好的共振，創造了美好的能量場，最後從李四身上獲得了顯著的訂單業績，這就是能量場為我們帶來的自然發生。

利益他人不是口號，請身體力行。

從來都不是「事情」的問題，是「人」的問題。與我們產生關係的關係人進入了我們的世界，對我們生活、情緒等層面造成了影響，沒有關係人，就不會有情緒的困擾。「自從我結婚之後……」「自從某某某出現之後……」「自從我有了小孩之後……」「自從我來這家公司之後……，我的生命就開始不一樣了。」

是的，這些關係人對我們造成了深深的影響，改變了我們的能量場，越親近的影響越大，尤其是身邊第一圈的家人、朋友、同事等等。我們不知道如何與關係人相處，最後造成我們自己的外在世界極度混亂。

如果你希望你的能量場能夠發揮作用，請先去理解現在與所有的關係人是怎麼樣的情況，你必須對他們付出，而不是冷漠對待。你的人生想獲得些什麼，你得先為別人那麼做，因為對方會收到來自於你的給予，他會用同樣的頻率回應你。你生氣，他就以生氣回應；你開心、他就以開心回應你；你祝福他人，他人就回應你祝福。

你無法迴避去面對這個人，因為他是你生命當中重要的關係人，他存在於你的生態裡，是你能量場好壞與否的一個重要元素。真心對待你生命裡的所有人，你究竟是發自真心還是勉強自己，對方其實都知道，你會收到相應的回報。

身體力行去給予、去利益他人，先讓這一件事情發生，只要你是出自於真心的幫助關係人成功，真心誠意讓他們開心，就等於是在幫助自己成功、開心。你的付出一定會在其他地方得到報償。

我有能量場，對方當然也有能量場，所以善待我們周圍的關係人，何其重要。你對人微笑，會有某人給你一個擁抱，你瞧不起他人，最後會收到從其他人身上回應給你的種種阻礙。**你與所有關係人的關係，決定了你的能量場是乾淨或汙濁，這就是你付出後的回報。**一切從你的能量場出發，最後又回到你的能量場，幫助他們成功，你想要的就會成真，你以為這些與人生目標無關緊要的事情，才是最息息相關的。

出現在我們身旁的關係人多重要啊！因為他們會把你所有的付出，都回報給你；你對他們如何，他們感受到什麼，都會透過意念波加倍奉還給你。

我們每個人能量場的擴大或削弱，全來自於你送出什麼意念波。這都已經是科學的事實了，還是很多人覺得，愛怎麼想、怎麼說，自己高興就好，殊不知他們正在為自身製造了帶來災難與毀滅的能量場。

如果你所到之處，遇到的人都讓你特別喜歡順心，代表你的能量場越強大；如果每到一個場合就看這件事不喜歡、眼前的這些人也讓你感到不舒服，你總能處處挑剔，會有這樣的狀態，是因為你內心投射的能量就是如此，你當下的情緒，在你還沒感受到之前，已經先如此散發到周圍的能量場了。

每一個進入你生態的關係人，都是會影響你能量場的人。越不能切割的關係人，影響越強大，比如說家人、同事、主管、部屬、夥伴。你幫助這些人成功，問問他們想要什麼，聽聽他們口中的成功是什麼，想想自己能幫助他們什麼，**給他們真心需要的，而不是一味給你想給的。**用你最真誠的心幫助他們，真正的幫助就是送出能量，而最好的能量就是支持與祝福。去身體力行，去利益他人，正向的能量場會為你帶來奇蹟。

只要是「我的」，自然會心甘情願的關注、給予。

有一個學生跟我說，他聽了我的課之後開始試著與人對話，一年多以來已經與五百多個人對話，他說這種感覺真的很棒，每一天都在重複實踐這樣的美好。他說好感恩自己在這個年紀就明白，原來啟發他人是這麼容易、簡單，給出真心的祝福，就是一股很棒的能量。

他秉持著這樣的心態去協助他的團隊，他花了最少的時間在工作上，但這一年的收入卻比過去幾年都還要多，他也不知道發生了什麼事，他只是開始去祝福身邊的朋友，於是越來越多人喜歡進入他的生態，對方也因為收到祝福，又把同樣的祝福回送給你。

我向他道賀：「你看你，短短一年就收到五百多個人送給你他們發自內心的感謝，這是一個多棒的能量場啊！恭喜你。」

幫助他人就是種下成功的種子，你正在打造你的能量場，去給予吧，去利益他人，切記在生活中身體力行吧，這一切都會回到你身上，你的能量只會更強大。

你身邊的關係人，看到的你是面帶微笑多還是面無表情多？難道你自己會不知道嗎？我們跟身邊的關係人相處都太過緊繃，相處的過程中，不自覺的掌控、壓抑或是命令對方，但多數人沒有覺察到自己有這樣的習氣。我們能做的就是去幫助他們成功，讓身邊這些人從心靈枷鎖中解放，綻放微笑吧！

利益他人的前提，是放下對心智頭腦的認同，不要算計著自己是否吃虧，一旦讓大腦介入，無形的界線會變得清清楚楚，原本中性的人事物就為被我們貼上標籤，一旦貼上標籤就是痛苦的開始。從現在開始，學習當一個觀察者，時時刻刻觀察自己的心智頭腦在想些什麼，啟動祝福模式，你才會得到好報。你希望有怎麼樣的回報，就先那樣對待別人，給人方便，就是給自己方便。

人們只在意大腦認同的人事物，其他都是你的、他的、你們的、他們的，只有等到這些變成「我的」了，大腦才會去接納甚至付出。

我們只在乎自己的爸爸、媽媽、小孩、朋友，無法包容別人的爸爸、媽媽、小孩、朋友，所以會反射性的對別人破口大罵：「你到底會不會開車啊！」「停在路邊幹嘛啊！」我們甚至會攻擊對方，因為你的腦袋裡很清楚他跟你沒有關係，他是他，你是你，管他是誰的爸爸、媽媽、小孩、朋友啊。一旦你能包容的人越來越多人，可以接受的人越來越廣泛，你的圈圈就會越來越大，你的「小我」格局就會成為「大我」的格局。

如果你只是一個「小我」，你知道這樣有多狹隘嗎？當你可以接受更多人成為「我的」，你的「小我」就會越來越強大，你已經從「不是我的」變成「我的」了。把你的、他的、你們的、他們的，統統變成我所接受的「我的」，從此沒有你我之分。**小我越大，能夠祝福的人越多，收到來自他人祝福的能量也越多，你的能量場就會越大。**

當你把眼前的每一個人都看作是你，你就會想要去親近他、想對他微笑、想擁抱他，你會同理他為什麼這麼說、這麼做，你甚至想要給予他、幫助他、利益他。因為他就是你，幫助他，就像是在幫助你自己一樣，這一切都會擴大你的能量場。

幫助大我就是幫助小我，你想要發生什麼事情，必須先為另一個人這麼做。**突破人我之分的那條界線，當你就是我、他就是我，你會慢慢明白，原來真的都是我的。**心甘情願，你將看到以往看不到的、聽到過去聽不到的，原來你的內心竟可以如此清澈純淨。去擴大小我的領域，去感受「他人就是我」的狀態，你包容的越多，心境越廣闊，能量場域就會越大，你將不再淪為頭腦算計勝算與權謀的奴隸。

無時無刻都能給予他人溫暖。

二〇一七年，我和學生們完成了台灣單車環島之旅，這對我來說是一個很棒的代表作。途中，在一個紅綠燈的路口，有一位騎重型機車的騎士，突然回頭朝著我們比了中指，綠燈離開前，他又吐了一口痰，呼嘯揚長而去。我們四個人互相看了彼此，不知道發生了什麼事情，但可以確定他是對著我們比手勢，這種挑釁的行為讓我們很不舒服。

六、七個小時之後，我們停在一家 7-11 便利商店休息。我們幾人在門口討論著：「好像要下雨了，今天還有四十公里要趕路，所以要加快速度才行。」一位站在旁邊抽菸的路人突然問我們說：「耶？是你們嗎？」我們其實搞不清楚這路人在說什麼，他又說：「今天早上是你們嗎？我對四個騎單車的人比了中指！還很生氣的在地上吐了一大口痰。」喔，原來是那位騎士啊，因為他當時戴著全罩式安全帽，我們當然認不出來。

「我跟你們講，你們真的不要闖紅燈，雖然這是鄉下沒什麼人車，但很多環島的騎士常常對這些小巷口不以為意，搶一時之快，就闖紅燈騎過去了。」

原來是我們在某一個小小的巷口，看往來沒車就直接騎過去，被他看到了。

「我的車隊本來有七個人，有四個因為交通事故離開了，另外兩個後來也不騎了，就剩我一個人。這四個離開的人，其中有三個就是因為你們這些騎單車環島的，不把這窮鄉僻壤的紅綠燈當一回事，他們為了要躲開闖紅燈的單車騎士，結果發生意外，有一個單車騎士是當場死亡的。你們知道嗎？我女朋友也是因為這樣結束了生命，所以我現在只能一個人騎重機了。」

他越講越難受，眼眶泛紅，原來他今天早上對我們所做的言行，是為了我們所有人的安全著想。他這段言語讓我胸口鬱悶，在我們準備離開的時候，我拍了他的肩膀，因為我感受到他的憤怒、遺憾與孤單，我跟他說：「謝謝你為了我們這些單車騎士的安全著想，是我們不對，我們只想到沒有行人，卻疏忽了其他騎士的存在。現在天快黑了，你就一個人，還要騎三百多公里的山路才能回到家，沒人在旁邊互相照應，我覺得那更危險，所以你一定要安全到家喔。」

我告訴這位年輕、可愛又活潑的南部純樸小男生，他就像是我的弟弟，我希望他可以開心快樂。他握著我的手給了我一個眼神，我們都收到了彼此給予對方的祝福了。

上午，他才對我們比中指，傍晚，老天爺又讓我們相遇。我們接受了他，他成為了我們的朋友，他變成我們的，我們就會開始對他付出，真心的給予。只有你認同了這個人，他就是我，於是我們的能量場給出了能量，卻又從對方身上獲得了更多的能量。

就是那樣內心暖暖的感覺，**只要你願意，隨時隨地都可以與人對話，送出祝福，這是很容易就可以做到的。與人對話不用會什麼特異功能，我們總是透過給予他人的同時，才真正學會一件事情。**

有一次，我與學生們住在台東知本的一間民宿，我們在外頭吃完晚餐準備回房間休息，經過大廳時，民宿老闆與他的朋友們，熱情的招呼我們一起加入聊天。

聊天過程中，他們知道我們每一個人都會看一個人的「人生使用手冊」，於是很興奮的請我們幫他們看看。那時我們就只是一直聊天，真的只是聊天，什麼也沒做，但是不到三分鐘，老闆的友人潸然淚下，激動得無法停住淚水。

她內心太苦了，她的工作、婚姻、孩子的問題，在在都讓她心力交瘁。當時我們只是傾聽著，最後，她說與我們的相遇實在讓她太驚奇了，她感觸很深，腦袋裡的很多問號突然消失，整個人豁然開朗、輕盈了起來。她長期讓自己的能量場這麼混濁，心裡遇到問題不知道該找誰說，只會用自己的方式去愛身邊的關係人，卻不知道這才是讓她痛苦的原因。

兩天後，她傳了訊息給我：「我始終記得與你們相遇的那晚，至今依然感動著，你們每個人的言談，對我來說都是珍貴的禮物，我會慢慢修正自己的認知，學會看懂自己的問題，不要這麼在意他人的眼光。希望下次再相逢時，一切已經變得更加美好，我一定會讓你們看見我的改變，期待下一次你們原班人馬再來喔。謝謝你們的出現，你們像天使，好感恩你們！」

多麼棒的真情流露啊，她才是天使！

你希望你的能量場要好，你希望在一個月內賣出一百支手機，如何達成？這已經不是這個月要做什麼事情的問題了，而是在這個月之前的三年、五年甚至十年前，在過去的這段期間，你到底做了什麼、想了什麼、說了什麼。不要羨慕那些頂尖的業務同仁，為什麼可以每個月都達成目標，他確實有他厲害的地方，但還有你沒看見的，就是他花了多少時間在調整他的能量場。

如果你有機會拿起這本書，你的能量場已經在做出某些改變了，只是你不知道，但你會發現，心裡好像乾淨了一些、也靜了一些。你和沒有閱讀過這本書的人，已經在某些地方不一樣了。請你給自己一些時間，三個月、半年，把書上寫的內容好好在生活中身體力行。

想要好的業績，真的不是列名單的問題、不是客戶好不好的問題、不是拜訪量的問題，當然，這些事情本身都很重要，但是如果你真的想要達成目標，就必須有一件事情先發生，改變你的能量場。如果你的能量場沒有任何動靜，每天只知道要追業績，怎麼追？你是追不到業績的，業績也不是這樣追來的，那些都是頭腦以為的方式，或許你會覺得應該還是會有效，但其實，透過能量場才是最快、最省力省時的。

富而好禮的社會，從我們自身開始。

我認識這對夫妻好多年了，他們結婚已經快二十年。有一次，老公在路邊罵起了老婆，當時我就站在旁邊，心裡想著，是什麼樣的滔天大罪，需要在公眾場合責難自己的老婆，路人都在看著呢！我也是那時見識到，原來他是這樣處理他的婚姻關係。

罵完老婆，老公甩頭就走，還示意我快跟上，無須理會他老婆。他氣著對著我數落他老婆一堆的不是，「沒見過這麼狀況外的女人，我問她小孩現在人在哪裡？她竟然一問三不知。這媽媽是怎麼當的？整天給我出問題，不知道在幹什麼。動作慢不說，做事還拖拖拉拉的，娶這樣的女人回家真的是找罪受。」

既然他主動跟我提及他們夫妻的狀況，我自然不會放過這當下「現行犯」的機會。

我問他：「你老婆喜歡看什麼類型的電影啊？」

他說：「她又不喜歡看電影，叫她陪我去看個電影好像要她的命似的。每次找她去看電影，她都說不想去！」

我又問：「有沒有可能，那些電影都是你喜歡看的，她其實不喜歡看那些類型的電影呢？」

他回答：「當然是我喜歡看的啊，我怎麼會去電影院看我不想看的電影呢！」

我說：「所以你老婆才不去啊？」

他氣又上來，大聲說：「那她可以直接跟我講她不想去，幹嘛說家裡還有好多事情沒處理！」

我反問：「你剛剛不是說，她直接跟你說她不想去了嗎？」

他被我反問的有點無奈，回我：「哈哈，連你都挑我語病……」

我語重心長的對他說：「我不是挑你語病。你都反射性的把你老婆的答案說了出來，但在事情發生的當下，你卻沒意識到老婆跟你說她不想去了啊！你想想看，你老婆只要不順你的心、如你的意，當她說出來的答案不是你想要的，你的反應是什麼？不用等到她接話，你的情緒已經上來了，而你並沒有覺察到，你已經養成這個習慣了。」

我看他在思考著我的話，於是接著說：「我剛剛看你在大街上罵老婆，你可能沒注意到，你當時的語氣，連站在旁邊的我都覺得害怕。看你罵得這麼順，我相信這絕對不是第一次，你肯定練習了數百遍、上千遍了吧，不然怎麼會這麼上口。這還是在街上呢，如果是在家裡，那會是什麼樣的畫面呢？我可以想像，每一次起衝突，你老婆就像剛剛那樣，站著被你從頭唸到尾。這樣的場景應該在很多地方上演過，對不對？你這種咆哮、毫不留情面的罵法，教人如何接招啊？」

老公被我說到無言，只能弱弱的回說：「可是她真的很欠罵。」

我緊接著說：「大哥啊，沒有人是天生『很欠罵』的，很多時候，她只能用你認為很欠罵的方式來反應，這已經成為了她的生存之道了。無論如何，情緒只會製造問題，沒有辦法解決問題。你說，她要如何調適好自己的心情，才能好好回娘家去面對她的父母？她的父母親如果目睹了剛剛這一切，不會有很多疑問嗎？能不心疼嗎？你自己也有兩個念大學的女兒，你希望你女兒的男朋友或你的女婿，像你這樣子罵你女兒嗎？你會允許嗎？」

這位大哥試圖合理化自己的行為，繼續說：「我女兒可沒像她媽媽這樣欠罵，這麼笨。」

我說：「哈哈哈，現在不是誰欠罵或誰笨的問題，我的意思是，你會允許你女兒的男朋友或你女婿，這樣罵你的女兒嗎？夫妻總是會吵架，你女婿的態度就像你這樣，認為你女兒就是有問題，就是欠罵、該罵，你會怎麼處理？你的感受如何？」

過沒幾天，他老婆私底下來找我，很開心的向我道謝。

她跟我說：「那一天，我跟在你們兩個人後面，聽著你跟我老公的對話，我很訝異，我老公竟然可以心平氣和的跟你這般對話。這遲來的正義，我等了二十年。這些年來，我好幾次都想要輕生，也不懂為什麼婚姻就走到這個地步。那一天回去之後，我老公牽著我的手向我說了抱歉，說他這些年從來只注意他自己。或許是因為事業上的壓力，所以他沒能第一時間去理會我的情緒與感受。他這樣的轉變實在太難能可貴了。」

我聽她這樣說也替她感到開心：「我相信妳老公一定有他的壓力，我有跟他提到，如果他不想要生活、婚姻、親子關係、人際關係一團亂，我建議他要放寬『我』的界線。突破小我界線，把心打開，才能真正包容接受眼前的每一個關係人。為他們好，去利益他們，就是為自己好。並建議他重新檢視每一段關係，重新定調關係。」

三年過後，這一家人再一次出現在我面前，我看到一家人凝聚的能量場，感覺好不一樣，連我也跟著和氣喜樂了起來。

老公說：「老師，我跟你說，我這些年的事業發展得都還算順利，員工離開了一些，也換了一批。我先前總是會把離職員工臭罵一頓，但後來我發現我自己的問題最大。當我開始身體力行去利益他人時，這感覺棒極了，這些年來，辦公室裡多了許多笑聲，業績一直在穩定中成長。家人也會一起坐在客廳，邊看電視邊聊天分享生活，原來感恩這麼有力量。」

這位大哥之前公司員工有四十多人，三年的時間，已經發展到六百多人的公司了，這就是身體力行的最佳證明。這一家人讓我想到，我的每一個學生，都是帶著自己的故事出現在我眼前，那時有誰不是哭喪著臉的？但現在，每一張浮現在我眼前的臉，都有燦爛的笑容。這就是生命力，這就是能量場發威了，我們每個人都可以為自己再活一次精采。

記得有一天，我走在台北街頭，一輛運送雞蛋的貨車突然緊急煞車，車上上百顆雞蛋全都散落在馬路上了。一位二十幾歲的年輕司機下車來，神情焦急的看著滿地的破碎蛋殼。「如果是我弟弟，他該怎麼處理這樣的狀況？」我猜想，他一定沒有遇過這樣的情形。

當時台北街頭下著雨，車子來來往往，滿車的雞蛋摔破在路面上。一個二十歲上下的年輕人，竟然站在十字路口發呆，估計他是一時無法回神應付。我跑過去，用腳幫他把碎蛋殼掃在一起，然後叫他快回車上把車開走。他離開前我叫了他：「小心開車，注意安全。」當時他發著抖，我知道他一定焦慮緊張害怕死了，換作是我遇到，我肯定也是徬徨無助的。

「快把車開走，這裡危險，蛋破了就破了，不要去管那些了，如果老闆真要罰錢，那就罰錢，對吧！一人做事一人當！不管你是不是因為要閃躲人，弟弟，沒關係，不要用倒楣、無辜來定義這一次發生的事件，你只要坦然去面對就好，明白嗎？」我拍拍他，跟他說安全最重要。我當下能給他的就是這些，我讓他知道，要有肩膀、有擔當，讓老闆知道你是一個負責任的人。

他上車前突然回頭對我笑了出來，並跟我說：「對、對，這是小事，平安最重要，謝謝你。」

我把這故事寫出來，不是要說我有多偉大，我是想表達一個觀念，要利益他人不是金錢上的幫助才算，而是你當下就可以決定，要不要擴大你的小我。當你意識到「他就是我」的時候，你的內心可以獲得更棒的真實經驗，而最終是對方成就了你的美好真實經歷，你會更感謝對方。

當你就是我、他就是我，當所有人都變成「我的」了，你只會更成功。幫助他就是幫助我，要心甘情願，出自內心，你的能量場就會為你吸引所有美好的事情。你就像是一個大吸鐵，吸引到很多像你內在一樣美好頻率的人事物，你會發現這個世界真的有好事一直在發生。去祝福每一個人吧。

職場中永遠都有小團體，都會有誰看誰不順眼的事情發生，夫妻會失和、朋友會吵架，於是兩邊各據立場，要親朋好友們選邊站，擁護自己的立場。事情不應該這樣子演變，不明就裡的親友團只是讓事情越來越複雜、越來越惡化。我們都走不出小我的界線，頭腦對頭腦，我就是我，你就是你，從來不是去利益他人，而是爭個你死我活，如何能期待乾淨、純正的能量場呢？

包容你身邊的每一個人，就像父母親包容我們一樣，當有人做出非你預期的事情，不要急著立即反應，從這之中找到你能夠理解的邏輯跟方式，不要讓焦慮、煩躁主導你。生氣只會壞事，還會把你拖入爛泥，完全爬不出來。盯著你自己的腦袋，看看它下一步想說什麼、想做什麼，你一定可以學會控制你的腦袋。

聰明如果是天賦，那麼待人良善則是一種選擇，我們可以選擇身體力行去利益他人，而不是只會爭權奪利。重新去面對過去沒有處理好的關係，放下自我的驕傲與自私，試著改善關係吧，我們將會在這改變的過程中，重新感受到愛。

我們不敢面對的真實自己

關於自由

用自由換取短暫和平的假象，代價太高了。

一講到「自由」，就有很多人感嘆著：「我要怎麼樣才可以自由？我的人生還有自由可言嗎？我的時間被綁得這麼死，財富更不用談了，怎麼可能有自由？情緒每天像在洗三溫暖，心靈早已蒙了一層灰，現在能活著就是萬幸了。」自由對現在的人來說這麼困難？既然心中這麼渴望，為什麼要遺憾下去呢？

每個人的內心，都有一頭獅子，充滿無比勇氣的盤踞在我們心中，曾幾何時，那頭獅子到哪裡去了？失去勇氣的內心，讓我們活得好沒尊嚴。站在鏡子前面，實在不知道要用什麼樣的姿態面對自己，眼歪嘴斜，怎麼看都像一隻老鼠。我們像隻囚鳥被關在牢籠中，失去了自由，不能做想做的事情。

一直都聽到有人這麼跟我說：「老師，我好羨慕你喔，你都可以做自己想做的事情。」我都笑著回問：「不然，你們都在做自己不想做的事情嗎？那為什麼不去做自己想做的事情呢？」

最常聽到這樣的回答：「我哪有辦法啊？我爸怎樣、我媽怎樣、我老公怎樣、我老婆怎樣、我小孩怎樣……，所以我根本動彈不得啊！」或許你該想想，在你沒有小孩的時候，你都在做什麼？在你還沒進入婚姻的時候，你在做什麼？當你單身的時候又在做什麼？你的小孩都已經另組家庭了，你依然不自由，這到底是怎麼一回事？

自由不是指身體可以自在移動，而是內心的自在解脫，人人都想要活在沒有匱乏、沒有壓力的狀態下，可是我們的生活隨時充滿了恐懼與阻礙，所以我們常感覺不自由。也因此，不管自己身處在什麼時候、何種狀況，往往都可以有「不自由」的充分理由。

當你想做一件事情的時候，腦袋裡跳出某個人的臉，他的神情彷彿在告訴你：「不行、不可以喔。」於是你就秒殺了腦袋裡正在想的事情。你接著計畫做另一件事情，又跳出了另一張臉孔，一樣在告訴你：「不要、不准。」我們總是這樣，一想到了什麼，相關人等的臉蛋就會一一浮現，讓我們開始猶豫不決、忐忑不安、下不了決定，思緒、計畫馬上就中斷了。

我們不想讓相關人失望，我們希望他們開心、不要為我們擔心，縱使我們自己因此失去了笑容也無所謂。我不能理解的是，**這些深愛著我們的關係人，看著我們凋零、枯萎、失去笑容，在抉擇間放棄了最愛的時候，他們反而笑得開懷，說你棒極了；他們一個個開心了，你卻感到莫名的惆悵。**我們每個人的世界好像都是這個樣子：**我們讓身邊的每個人都笑了，卻沒人在意你落淚。**

我們寧願活在狹隘且處處受限的生活中，我們其實也已經習慣活在這樣的生活中了。明明眼前有廣闊的大草原，你要如何才能自由前往探索呢？到底是誰同意你對自己下了禁錮令？至少我不同意讓自己的人生如此。

我有個高中同學白天帶著小孩來找我，我問她：「這個時間小孩不是應該在學校上課才對嗎？」她說：「因為我剛帶我女兒去看醫生。」我疑惑著，怎麼沒讓小孩回家休息，還特意跑來找我呢？一直到我差不多要下班了，她才打電話叫老公來載她。

她跟我說：「你在，我老公過來載我比較不會說什麼。」

我說：「妳應該早點通知妳老公，要他趕緊來載妳跟妳女兒才對，他現在應該很焦急。」

她說：「才不是呢，他如果沒有生氣、沒有怪我，我就阿彌陀佛了。」

我說：「啊？妳女兒生病發燒，妳去學校接她去看病，為何要怪妳？」

她說：「對啊，他這麼認真努力工作，我在家卻沒有把小孩照顧好，這當然是我的錯啊，我不應該這麼粗心大意的。我現在好害怕喔，我真的很怕我老公的眼神，他每次只要開口罵人，我都覺得自己很沒用，我只能把小孩帶到你這裡來了，真是有家歸不得。」

原來真的有媽媽會這麼想，只要小孩跟老公不要找他們的麻煩，就已經是手下留情了。我心裡想，怎麼好像是老爺、少爺對傭人挑三揀四的連續劇劇情？她是老婆、是媽媽，不是傭人！

小孩拉肚子要被罵、感冒要被罵、考試成績不好更要被罵……，媽媽就是要負責把小孩顧好，小孩拉肚子、感冒、發燒、跌倒擦傷，全都要怪到媽媽頭上，甚至有不少老公喜歡在小孩面前指責媽媽的不是，數落媽媽的無能。很多媽媽們擔心的，不是小孩出了什麼狀況；她們最焦慮驚恐的是，老公下班回到家，會質疑她為什麼把小孩照顧成這樣，就是不能有半點差池。

撕下標籤，沒有認命、沒有宿命，還我自由之身。

我這位同學在等她老公來載的時候，似乎想到了什麼，轉頭驚嚇的問她女兒：「便當有吃完嗎？」孩子搖搖頭，於是媽媽利落的把沒吃完的便當處理乾淨，還叮嚀她的孩子說：「這事絕不能讓妳爸知道。」在她的想法裡，沒吃完就是沒吃飽，沒吃飽就會沒營養，沒營養就是沒有把小孩照顧好。

我說：「應該只有妳老公會這樣吧？」

她說：「沒有啊，很多媽媽都是這樣子，有些老公還會為了小孩動手打人呢！」我看著我同學念念有辭，她正一邊自我批判與譴責，一邊默默倒數，等待老公的來臨。

這是生活在一個什麼樣的生活環境啊？好好一個人，能量全數凍結，一點都不自由，思緒全都被生活中真實存在的恐懼給阻擋、遮蔽了，根本沒辦法好好做好任何事情，恐懼如影隨形，自由真的這麼難嗎？

你腦袋裡明明就有很多想法，有很多事情想去完成，你很清楚你想要變成什麼樣子。你以前講的夢想呢？多年前那個為了夢想不畏艱難的靈魂，到哪裡去了？為什麼現在你讓自己處在一個這麼狹小的空間，你被壓縮到哪裡都去不了。你早已妥協，用一輩子的自由換取短暫和平的假象。妥協之後，你現在什麼都不能做，你害怕受傷，擔心衝突，你只能靜靜的看著一切的發生，接受了認命與宿命，最後成為一個冷漠的人。

你我都必須從社會的層層限制中解放出來，不論是種族、婚姻、家庭、倫理、道德，我們都被貼上了一張又一張的標籤，這些標籤讓我們沒有一個人是自由的，我們被這些標籤束縛著，隨時都在受苦。

追求幸福、接受挑戰、表現創意、實現夢想、做出貢獻，這些得之不易的智慧與啟蒙，理當是人生中致力追求，並變成值得一輩子努力的事情，可多數人沒辦法這麼做，因為光是要生存都不容易，還有什麼自由可言？只要一談到社會、人群、工作、家庭、同事，甚至道德，我們只能舉白旗投降。

我們的人生就這樣規畫好了，如果沒有依照原本的安排走，就會引起所有人的圍觀與討論，好像我們十惡不赦一樣。大家七嘴八舌爭相告訴你，怎麼做才是對的，我們得不到社會的認同，開始懷疑自己是不是真的做錯了？太多外界告誡的聲音湧入，嘈雜、疑惑與自我懷疑充斥在你的腦袋裡，為了獲得片刻的安寧，你決定放棄自由，隨波逐流，向種種外來的聲音妥協。當我們開始變得四不像，開始自我壓抑的時候，突然之間大家開始祝福你了，說你這樣做才是對的，你好乖、你真棒、我們會一直支持你。但是，得到這些祝福，為什麼我們完全笑不出來呢？

並不是每個人成長後都能學會獨立思考，因為宗教、學校以及家長，會聯合起來，互相協助一起限制與摧毀小孩——只要讓他害怕某樣東西，讓他心生恐懼就好了，太容易了。

面對這一個相對武斷跟專制的社會，如果我們沒能跳出這個龐大的系統，沒有人會開心快樂，只能過著皮笑肉不笑的生活。

自由，就是去做會令你開心微笑的事情。

我有個學生在銀行上班，才三十出頭已經是高階主管了，他生活得很愜意，從他穿著的服飾及身上的配件，怎麼看都是人生勝利組的一員。在一次對話中，我們聊到工作這件事情，我問他：

「你喜歡你現在的工作嗎？」

「老實說，我沒有想過這個問題，那就只是一份工作而已。」

「所以你沒有享受其中嗎？時間彈性，收入也不錯，工作上的表現也得心應手，難道還不好嗎？」

「我只能說我滿意現在的工作，但談不上喜歡這份工作。老師，你知道嗎？**就這份工作而言，我每個月只開心一天，就是領薪水那天**，然後我就開始安排去逛街買衣服、皮包、鞋子，不然，我真的不知道我要做什麼。跟同事之間的關係大概就是那樣，有家庭的有家庭、談感情的談感情，好像沒有什麼太值得期待與開心的。」

「這一份工作如果沒有太多的期待與開心，為什麼不離職呢？」

「對啊，我還真的想離職，離職確實會讓我開心，但離職之後呢？我不還是得繼續下一個工作，那不一樣是下一個不開心嗎？」

「所以你很明白這個道理，那你打算讓這樣的狀況持續多久？」

「我想要像老師您這樣，這才是自由。可以跟人家聊天，每天都在做自己喜歡做的事情，沒有壓迫與無奈。」

「哈哈，那就去啊，去追求你心目中的自由啊！」

「可是，我怕養不活我自己，不過這也還好，畢竟我還有一些存款。主要是，我得把自己的心臟訓練得強一點，因為我將勢必面對來自四面八方的關切，可能有人會覺得我中邪了，或身體出了什麼狀況。」

「我可以理解那樣的過程，確實不知道該怎麼向他人解說。但我跟你說，我在比你現在還要年輕的時候，就沒有想過能不能養活自己這件事情，我當時可是一點存款都沒有呢，我也不擔心他人怎麼評價我。創業至今，一般人會擔憂的問題我也都會遇到，但是這些問題都不會困擾我，因為這是我自己的選擇，我會興高采烈、廢寢忘食的投入。我決定了，然後就往前走了，沒有想過我即將會遇到的困難。」

「是的！老師創業的前幾年也是吃盡苦頭，我們這些學生都看在眼裡的，但你為何還可以這麼開心呢？」

「『吃盡苦頭』對我來說就不過是遇到問題罷了，那是外在世界的不自由。往前衝時問題一大堆，可是我的內心世界是寬廣自由的，所以我的思緒從來不會困擾我，我的能量始終是通暢的，這就是我開心的原因，內心自由才是真自由啊。」

「真的，想幹嘛就幹嘛。所以我現在在學習如何處理關係，我原本一直以為，我的關係沒有什麼問題，後來才知道自己的內心力量不夠強大，所以在乎他人的眼光。尤其是親情與愛情，深深的綁架我，為他人而活一點都不自由，這就是老師您說的痛苦之身吧！」

「你想想看，你一個月只開心一天，意思是說，你一年只開心十二天，我的天啊，這是什麼樣的生活？再者，為什麼覺得你可能要去面對的事情會是辛苦的？像我，我只是覺得會有挑戰，不管在哪一行業都會有挑戰的不是嗎？有挑戰還讓我特別興奮呢，因為有挑戰才會持續成長。」

「每次，我只要想到明天又有機會碰到什麼人、事、物，我就會無比期待明天快來！這些歷練讓我越來越好，怎麼會是辛苦，我超感恩的！不過多數人並不這麼想，他們不自由久了、慣了，只能繼續停留在自己設限的框框內，沒有勇氣跨越那一步，我認為那才是最辛苦的。雖然知道框框內的生活讓你痛苦、不開心，但至少不會危險。人類就是這樣，習慣在自己熟悉的領域裡哀號著，為了熟悉感而付出更大的代價。在職場上利益他人吧！去身體力行，你會發現，一旦你開始了這件事情，其他的好事就會開始發生變化了。」

「是的，沒錯。我們對於自由這件事情都太過大意了，一再的妥協，只會讓自己越來越不自由。我已經忘記了利益他人與身體力行這件事情了，很快就被大腦心智給主導，忘記要去讚美人、忘記要對人微笑、忘記去祝福身邊的人。人真的會在不知不覺中養成某些壞習慣，最後又在這壞習慣中退縮，內心原本的正直與善良就這樣不知去向了。」

當我們還是一個小小孩的時候，就有勇氣推開媽媽的懷抱，說要自己走路，我們一旦踏出人生的第一步，生命的故事就開始了，這一步，一路走到了現在。人生是不斷的創造，我們都想要讓自己變成更好的模樣。我想要自己走路，我想要自己拿碗筷，我想要自己試著做每一件事……，這些種種都讓我們開心並微笑著，想想那個時候的我們，多自由。很奇怪的是，走著走著，**因為生命歷程中發生過一次又一次的悲劇，漸漸阻礙了我們前進的步伐。所有發生的事情導致我們心中充滿恐懼，我們不再往前，好事不再出現。**

集體意識，會讓獨立思考的個體失能。

二〇〇九年，我從大陸回到台灣發展我的教育事業，當時認識了一群家裡環境都不錯的朋友。每次聚會我都騎摩托車過去，他們看到就會說：「你真的很奇怪耶！又騎摩托車了。」說真的，我不知道我到底奇怪在哪裡。其中有個女孩跟我說：

「你如果真的要騎摩托車來赴約，可以停遠一點嗎？不要停在我們面前，還被我們看到。」

「為什麼？我不想停這麼遠，走過來很麻煩耶！」

「你不在意，總不能讓我其他朋友知道你是騎摩托車過來的吧！這樣觀感很不好耶，畢竟大家都是有頭有臉的人……」

這個女孩是個貼心熱情的小女生，但是只要跟這一群朋友一起出現，她就變了一個人。要在這一群人中競爭，還要受到大家注目，便無所不用其極，所有細節都要考慮周到，我當下覺得她是一個好不自由的女孩。

「妳沒看到他們看到我來了有多開心啊？哪一次不是全部的人都圍繞在我身邊，是他們不能沒有我耶，這跟我騎摩托車過來以及穿什麼衣服有什麼關係？」

「那是因為你懂每個人的人生使用手冊，你會告訴大家該注意什麼，他們就是喜歡找你問問題啊！」

「是啊！所以妳在擔心什麼，我都不在意了，妳在意什麼？」

我不過是騎摩托車、穿短褲，就可以引發別人的焦慮，可以想像她的內心有多麼不自由。他們這群朋友中，有不少人私底下自己跑來找我，跟我說了許多、問了許多，原來誰早就討厭誰，彼此早就互看不慣……那又何必這麼虛偽呢？為什麼要常常聚在一起？這些建立在金錢、家世、背景的關係，看起來像真的，其實全都是假的。在這個團體裡，天天紙醉金迷，全都活在幻象裡。

二〇一四年，我人在馬來西亞，那時得知，當年一直叫我不要再騎摩托車的那位女孩子，自殺了，住進了醫院。回台灣後，我去醫院探望她。

「一切都還好嗎？我剛回到台灣，覺得應該來看一下妳的狀況。」

「我真的不想活在這個世界上，好痛苦，你看，我每天就是喝酒、跑趴、男人、包包，現在把自己搞得這麼憔悴，好狼狽啊。不像你，你怎麼可以這麼開心自在？」

「哈哈，妳現在的狀態沒有太狼狽，不用擔心。我一直以來都是這麼開心自在的，只是當時的妳在團體中整個是失能狀態，所以沒能看出太多。」

「你當初怎麼可以離開這一群朋友的？你知道他們把我講得好難聽，但不是這樣子的。」

「妳忘了喔，不是我離開大家的，是這些朋友不要我的耶，妳忘了我是被大家封鎖的啊！我一直都在這，從沒離開過誰。妳不想被團體排擠，卻沒有勇氣對朋友說不，所以妳一直都不自由。我們進入了團體之後，就會失去獨立思考的判斷能力，我們只會盲從，人云亦云。」

「嗯，我感覺這幾年攬和下來，身體都被掏空了。我明明知道這些朋友很有問題，他們都在抱怨父母、朋友，看起來好像在談什麼大計畫、做大事情，可是多年下來，也沒什麼作為。這些根本不是我要的朋友，可是我卻選擇與這樣的人靠攏，大家聚在一起取暖，共享這溫暖的熟悉感。不只我，每一個人都一樣，我們都在說謊，都在欺騙自己。」

「妳比妳那一群朋友來得幸運多了，現在就能有這樣的體悟，多棒！我想，他們多數人到現在都還不知道自己在幹什麼。透過這一次的事件，妳好好想想，**在過去的每一段關係中，是不是因為自己的不成熟而導致雙方的關係停滯、膠著？我們總以為自己在當時受了委屈，其實是傷害了對方。**學著去關心他人、去看看妳的父母親在做什麼，原來自己是多麼幸福。去付出、去關懷吧，妳將從痛苦之身轉為自由之身。當妳學會感恩，妳身上的能量場即將為妳帶來不一樣的局面，妳會再次找到，原本那個獨一無二、充滿力量與真實可靠的自己。」

嘴上說的感恩，不如實際經歷看看就知道。當一個事件來臨時，我們往往會忘記感恩，好像詛咒他人的想法比感恩來得更快，也相對容易許多。**內心有力量的人，根本不會害怕被傷害。**這個世界上本來就沒有人可以傷害你啊，不會就是不會，會受到傷害不也是你允許的嗎？就算發生了多麼嚴重的事情，依然不影響你是一個自由的人。就看你怎麼定義這件事情，它就不是一個傷害，所以何來傷害？

我們成為了最好的自己，卻成不了最想要的自己。

有一次我在上海參加一個論壇，台下有個人問我，要怎麼樣才能原諒一個人？

「『原諒』的概念，是因為對方對我做了某件事情，例如他偷了我的錢、他開車撞到我、他在背後說我壞話……，但最後我選擇了原諒他。重點不是原諒，而是你是如何定義傷害的，**若能把傷害的門檻拉高，原諒的機率就會減少，因為你不覺得被傷害了。**」當時我這麼回答，「當你開始調整你對傷害的認知，並放寬了傷害的定義，你會發現，原來這件事情真的沒什麼，你也會好過許多。**一旦我們選擇『原諒』對方，其實就是認同『傷害』成立，這不就是反將自己轉向受害者思維了嗎？那就真的是讓自己受傷了。**」

我們常常會被他人的一句話，搞得煩悶、生氣，然後心想：「算了，不跟他計較，原諒他吧。」乍看之下還以為自己很大器，但這其實意味著，你認同了自己被他傷害了，你的心靈將因此被自己禁錮了。

我們的腦袋裡每天都會出現數以萬計的想法，這些想法成立的同時，腦袋會同步跳出與這些想法有關的人，於是我們會去猜測並感受這些關係人將如何看待這些想法，會支持或是反對？

想想，你是一個自由之身嗎？試想一下，當你在用餐、買東西、逛街、工作的時候，想到了一些美好的計畫，於是你急著想去執行，接著，腦袋裡又閃過了你的父母、老公、老婆、小孩、主管、同事、朋友，這些關係人的出現，讓你放慢了腦中架構的美好與憧憬，接著，你的表情僵化了，你笑不出來了。

你知道你現在腦袋裡所想的事情，都會受到關係人的阻礙，你很清楚他們不會祝福你，甚至，他們會覺得你不對勁，不知道你到底在幹什麼。最後，你否決、刪除了剛在你腦袋裡萌芽的美好。

舉例來說，假設今天公司同事要幫主管慶生，大家一起去喝酒聚餐，可能晚歸。你心裡正在盤算著要去還是不要去，但其實更深層的考量是老婆會怎麼想，老婆會不會生氣？這就是不自由。

再舉個例子，如果明天就要考試了，你整晚腦袋裡都在想著：「如果這次考試又沒考好，爸媽不知道會怎麼看我？」但是，此時此刻你更應該專注念書，而不是煩惱跟胡思亂想，身體在這裡，心裡卻想著過去發生的經歷及考完試的結果，你根本沒有活在當下，這樣怎麼能自由。

有個女孩子，很喜歡她試穿的那雙鞋，可就一直在糾結到底要不要買，對著鏡子思來想去，照得鏡子都快破掉了。

「喜歡就買啊，妳又不是買不起，而且妳也好久沒買鞋了不是嗎？」

「不是，就是太喜歡了。」

「既然這麼喜歡，就買了，想這麼多幹嘛！」

「你不知道啊，我怕我買了這雙鞋，我男朋友一定會唸我，覺得我很愛亂花錢。」

「啊？你連買雙鞋都這麼不自由。不過就是買雙鞋，竟然可以讓你心生恐懼。你很常亂買東西嗎？前科累累是嗎？」

「沒有啊！就是擔心，怕他會唸我。上次我跟同事去一個旅遊景點遊玩，在那喝了一杯咖啡，覺得那咖啡很好喝，就買了一包回來，結果被他唸得半死。算了，我還是先問過他，他如果覺得我可以買這雙鞋再說吧。」

這種充滿恐懼的相處模式要怎麼幸福？兩人的關係早已定調，所有的思緒只要跟男朋友有關，她的能量場就全滅，自己把自己滅的。

還有一次，我和學生們約了下午茶聚會，有一個學生說還是不來了，因為怕兒子萬一突然回家怎麼辦？她還是在家裡等著好了，如果兒子真的回家，肚子餓好歹有人幫兒子準備吃的。我問了學生，妳兒子會常常突然從外面回家是嗎？兒子今年多大了？

「沒有，從來沒有突然回家過，是我自己怕他會突然回來。他現正在當兵，下個月就退伍了。」

當兵？都幾歲人了，妳還在操這個心。你看看，人不自由，都是自找的。

我們總在別人的口中被搓圓、弄扁，最終活成了別人想要的樣子！至於你本身是什麼樣子，誰在乎呢？反正你自己都不在乎了！以前，**我們丟掉自己，只為了取悅這個世界；但是現在，我們丟掉擁有的一切，只希望能找回自己。我們或許成為了最好的自己，但不一定成了最想要的自己。**

痛苦之身是因為我們永遠不自由，我們暢飲這個痛苦，卻又說一切都很好。

直到有一天，你腦袋浮現出來的每一張關係人的臉孔，都是對著你微笑；不論你想到什麼事情，你都能真心收到他們對你的祝福；他們對著你說「好啊」，還催促著你快去。這種沒有阻礙的感覺多麼幸福，這才是最棒的能量場，你才能成為最自由的人，自由的心是何等自在與寬敞，心無罣礙。

跟恐懼做朋友——把不喜歡的變成喜歡。

十多年前，我剛開始學習八字命理的第一年，我的八字老師在台上突然指名我，要我隔天幫他代課。

「明天？代什麼課？」

「八字課啊！因為明天老師有事情沒有辦法來教課。」

這一切發生得太快，當時能教這個課程的老師都至少有十年以上的經歷，台下坐著一兩百位學生，每一位都比我資深，我不知道為什麼選上我。恐懼是立即的，我一想到明天要上台，覺得我可能會死在台上，但有一個聲音在耳邊響起，這聲音叫我不要抗拒，面對自己的恐懼、接受它！我聽從這個聲音，沒有拒絕。

那是一整天六個小時的課程，我空手上台，侃侃而談了六個小時。當時台下兩百多位八字老師，都很訝異我怎麼有辦法如此自在，上台就開講了起來，有些教了十多年的老師，還得拿著講義、看著講稿講課呢。他們問我，是不是昨天整晚沒睡背起來的？

那次之後我就成了正式的八字老師，我才學習一年，就已經在台灣北中南四處授課了。只要我的名字出現在課表上，整間教室就是爆滿，好多學生跟著我在全台灣到處跑。不會有人知道，我對於要上台、要面對人群有多麼恐懼，就算到了現在，每一次上台，我依然戒慎恐懼、戰戰兢兢。

當你開始把不喜歡的變成喜歡，生命會自己去創造它要的一切。我不知道是不是真的有一股力量推動著我，但我知道，我遇到的人、事、物，都讓我一直處在高潮的狀態，可以明顯的感受到，自己的思考正在做出改變，我的生命啟動了。

我們在生活中或許看某些人覺得不順眼，因為不喜歡那個人的行事風格，所以不管對方說什麼、做什麼，都會覺得刺耳、刺眼，心裡常覺得討厭，那個人永遠都在視線範圍內，沒有辦法請他離開。

如果有個機會，我們開始和對方有了互動，所謂「不打不相識」，因為不可避免的互動而產生了連結，才有機會重新了解對方、認識對方，這才發現，他好像不是自己過去主觀所認知的樣子，一直以來，那個人所說、所做的都沒有變，但我們卻覺得，與過去相比較的他，現在有趣極了。

「恐懼」不也是這個樣子？從來沒有人教我們如何和恐懼相處。恐懼明明不是一個人，如何擬人化呢？因為我們把自己當成物質，自然沒有辦法用物質的角度去思考恐懼，但如果我們看待自己是能量、恐懼也是能量，一旦你能體會那樣的概念，就會覺得比較合理了。

既然恐懼不會消失，一直在那邊，為什麼不試著主動與它打招呼，重新定義它？你會害怕，是過去的經歷造成大腦主觀的認知。主動與它和平相處，它一點都不恐怖，恐怖的是你自己的胡思亂想。事實也證明，所有腦袋裡想的事情，百分之九十九根本不會發生。既然不會發生，為什麼要害怕？這就是人類，無聊透頂，還自以為面面俱到。

我們對無法掌握的未知都會感到害怕，所以不敢去面對未知，我們想要逃避，卻沒發現恐懼的能量一直在心中，一直在我們的能量場裡，根本擺脫不了。

恐懼就像一團黑暗，我們不知道裡面有什麼，可惜我們不知道自己擁有強大的能量，**我們自身就是一個發光體，你只要向黑暗走去，那裡就會變得光亮。**你必須正面迎向你所恐懼的黑暗，而不是站在外頭看著黑暗，越看越害怕。會害怕全都是因為對它的想像，而這想像是來自心裡的力量太過薄弱，你以為要保住光芒，只能一直往後退，其實你唯一要做的就是往前進，**只要你一前進，黑暗就會變光明。**

黑暗一直都在那裡，你本身這個發光體只要向前行，黑暗就變亮了。往前走，你會發現真的沒什麼，你以為是黑暗不見了，但黑暗一直沒有離開過，只是與發光體合而為一罷了。在你決定開始走向黑暗、進入黑暗本身，你就開始看不到黑暗了，雖然黑暗就圍繞在你四周，你卻感受不到黑暗的存在，你只會看到正在發光的自己。

你可以自在的與恐懼相處了，你已經在時空中改變了一切，這一團黑暗再也無法控制你，你也不再害怕它的存在。向它走去，你只會看到光亮，那是你自己發出來的光，你看到的其實是自己。

與恐懼做朋友，你才不會感到害怕，這些黑暗對你根本不會造成威脅，你會好奇黑暗裡面到底有什麼？你會開始期待，每天將發生在你身上的人、事、物，你會開始感受到生命的跳動。這一切，只能透過身體力行去體會，無法用言語來形容。走入黑暗，就會看見光明。

選擇好，就等待所有的發生，用雀躍的態度去重新定義。

二〇一四年七月，大陸有家培訓機構想找我去大陸發展，我的態度一向都是開放的，也樂意與所有人發生連結。同年八月，我的事業觸角開始往東南亞發展，從新加坡延伸到馬來西亞，隔年四月，我收到大陸這家培訓機構的合約，他們想把我簽下來，我一看到簽約金，哇，真的很有誠意，的確讓人怦然心動。但當時我在東南亞開始有了一些小小的成績，也慢慢熟悉了東南亞的環境，尤其在馬來西亞，一次又一次的感動著我，這些人、這些事，不斷帶領我去思考，生命中到底要追求些什麼才對。

我當時人在檳城，很認真的想了關於自身的發展與生涯規畫。從小我思考到大我，之後我寫了封信回覆大陸這家培訓機構，我告訴對方，去年七月我們相談甚歡，但照我目前的狀況，短時間內沒有辦法全時間待在大陸，請允許我可以兩邊兼顧。很顯然，大陸的培訓機構不要這樣的結果，他們希望我全心全意在他們的機構裡任職，專屬於他們公司，接受公司所有指派的任務。

台灣公司的股東及員工，對於我拒絕這麼好的機會相當錯愕不解，有人問我：「這半年，你東南亞前後也不過去了三次，三次根本就還不算開始。你知道大陸給出的報酬規格，是多少人想要都要不到的。在東南亞，就算給你五年的時間，都不可能有這樣的規模，你根本賺不到這樣的錢。」

有股東憤而退出，我當時同意付自己都無法負擔的金額給退股的股東，之後，跟著我多年的員工也相繼離職。我在台灣這幾年好不容易建立起來的知名度與成長學習的基地，一夕之間垮台，股東、員工及上千名的學生統統跑光了，全沒了。

雖然如此，身邊總還是有一些對我一直不離不棄的老師們。在一次聚餐中，我們聊到了這件事情，他們很想知道我為什麼會作這樣的決定，而我又是怎麼看待這樣的結果。

「哈，其實這樣子還不錯，我一個人倒是更加輕鬆自在！」

「你隻身前往馬來西亞不會害怕嗎？真的不會恐懼嗎？你在那裡都沒有認識的人，失去了大陸那麼棒的機會，會不會覺得很可惜？我們到現在還是覺得，你當時應該選擇去大陸的。你會不會後悔啊？」

「你們怎麼還在問這個問題啊？我既然已經作了選擇，就不要去思考這種相互衝突的想像。我不會去計算我到底損失了什麼，因為我也沒真的去大陸，又沒有真的拿到，哪有什麼損失？」

很多人喜歡「早知道」，然後呢？問題是你就是沒去啊。**人沒有辦法在相同的時間點上，同時出現在不同的空間，所以不要用這樣的邏輯去比較。**此時此刻就是最好的。沒有什麼早知道就去那一家公司上班、早知道就去那一家餐廳用餐才對。既然不可能同一時間，同時體驗不同空間所發生的兩件事情，那就沒有什麼「早知道就嫁給這個男的」、「早知道就娶這個女的」這種問題，你只能選擇一個，然後愛你所選擇。

既然決定了，就尊重自己的選擇，很多人喜歡拿假設性的選擇作比較，這不是自尋煩惱嗎？尤其是不可能同時發生的事情，我們特別喜歡拿來對照，拿來想像或許我們可以過得更好，那都是一種嫌棄自己當下選擇的心態作祟。沒有什麼更好，現在這一個就是最好的，最適合的。

「對耶！我們如果一直進入這個假設性的問題，就會一直鬼打牆，不僅耗損了能量，更會吸引到所有關於懊惱、後悔、憤怒的恐懼能量，我們幹嘛一直去創造、召喚這種不好的感受，持續的體驗呢？就像老師說的，接受所有的發生，期待這些發生會在生命當中產生什麼樣的漣漪，美好的能量自然就會吸引美好。如果一味的用物質世界的定義去衡量得失，最後只會更加痛苦。」

「是啊，恐懼會像癌細胞一樣擴散，不斷複製下去，最後，恐懼就成為贏家，主導了我們的生命。重新去定義所發生的一切，很多時候，是因為我們選擇讓恐懼駕馭、取代我們內心，原本想要奔向堅強無畏及高尚偉大的那股衝動消失了，最後癱瘓了我們的人生。」我說。

「你的能量場如果這麼混亂，滿腦子只想著貪財愛利，那麼再好的機會也只會讓你停在某個層次。不要去做沒有意義的比較，沒有『早知道』這種事，既然選擇了，就把自己的心安著，不要自己在那帶頭作亂。不要讓自己一直進入痛苦之身的輪迴，你如果真的想要賺更多的錢，就先讓自己自由而不恐懼。不管我們現在到底在哪個國家、哪個城市，我們都能像現在這樣，總是收穫特別多。你看，現在我們每一個人不是都很好嗎？多棒啊！你要相信有那麼一天，這些機會遲早會再找上你的，不論在哪一個國家都一樣。」所以既然選擇了，我就不會去想什麼後悔、錯失了，而專注於現在。

關於施壓者

不想活的人，最喜歡抓一堆人陪葬，壯大聲勢。

有一類人，他們沒有勇氣面對自己，卻一雙眼睛死盯著所有人，他們喜歡出現在各個角落，滲透每個人，要大家陪著他，總是抱持著「要死大家一起死」的負面想法。這類人的聲勢相當浩大，若是內心不夠強大的人，稍微一不注意，身上的能量就會被他們吸乾。

「想太多的施壓者」真的超級會想，他們最鮮明的特徵，就是以經驗老到的拯救者自居。他們擅長「以愛之名」來掌控你的生命，告訴你應該要怎麼做才對，他們會說，這一切都是為了你好，他們傾注大量的恐懼跟冷漠在你的生命中，直到你妥協，變成與他們同一國。

他們會說：「我這是為你好，你聽我的準沒錯，如果你不聽我的，偏要執意右轉的話，肯定出事的。」

在你猶豫的當下，他們又會說：「但是你現在也不能左轉，因為左轉的危險程度更高。」

你當然一頭霧水，不知所措，問他：「啊？那我現在該怎麼做才對？」

他又會講出自相矛盾，讓你更困擾的論述：「反正我就是讓你知道有這樣的狀況，你要相信我是愛你的，不會害你，不論你怎麼做我永遠都支持你。切記，不要右轉也不能左轉，你就自己看著辦，我一定支持你。」

這類人繞來轉去，講出一大堆分裂、矛盾的話，把你的人生繞到迷路、帶到不知所向，最後他就消失了。

「你真的要創業喔？我跟你講喔，我超多朋友都在創業，沒有一個成功的。你真的要想清楚喔。」

「你這麼早就要結婚喔？不要結婚好了，你看現在有多少人，最後都是離婚收場，你根本就不是一個適合走入婚姻的人，你自己想清楚就好了。」

「什麼？你要離職？不要吧！現在工作這麼難找，下一個工作哪有辦法像你現在這麼輕鬆呢？不過聽說你現在這家公司也沒有多好，我是怕你沒弄清楚狀況。」

「我已經去問過其他人了，你這樣做不會成功的，你應該……，你必須……」

他們總是用扮演拯救者、救世主的角色，想要給予身邊每一個人救贖，而且帶有「順我者生，逆我者亡」的心態。他們善於創造人們對恐懼的想像，總是能輕易點燃我們內心的恐懼。我真的覺得，這些人是史上最危險的人物，**他們當中的多數人都有虔誠的信仰，但內心根本沒有辦法送出祝福，卻又大談愛與感恩、寬恕與包容。**

這些人奪走了多數人的自由與生活的動力，摧毀了他人的夢想，阻礙了他人的成長。我們無時無刻都受到這些施壓者的控制，使得身上的能量場停滯不前。然而，這些人最有可能就是我們的父母、老公、老婆、朋友、同事等第一圈的關係人，往往他們的一句話，就能讓我們滅頂。

「你真的覺得這樣子好嗎？」

「我覺得你這樣子做很危險耶！」

「你知道你這樣子我會有多擔心嗎？」

「如果你真的愛我，怕我傷心，就不會忤逆我去做這些事情。」

我們常常不自覺的就成為施壓者嘴裡的犧牲者，但我們好像很習慣讓彼此的關係定調成那種狀態，就算我們感到痛苦，也不曾想過要如何調整這樣的關係。

這些人其實都是好人，只是壓根兒沒想過，他們強加諸於別人生活中的言行，已經造成別人內心的恐懼。這也是為什麼，這些人這麼痛恨有人跑來跟他們說這些話，但他們自己卻不斷對周圍的人輸送這種不信任的語言。我們會在不知不覺中，被這些人設定，最後自我催眠成為他們所說的那樣。

施壓者認為，他們的貼心與關心是出於自身的體悟，其實那都是他們自己想像出來的，聽他們說得好像自己都經歷過似的。你看看那些和施壓者對話過後的人，你就會知道他們把生命主導權交了出去，決定隨波逐流。

施壓者覺得：「做業務太辛苦了、結婚太痛苦了、工作太難受了、養小孩太累人了……」他們總是有太多感觸，思維中只放進挫敗、痛苦，他們就是怕你受到傷害，自以為一切都是為你好，卻不自覺的引領我們踏上他們思維陷阱中的歧路上。

我們的生命中，到底有多少恐懼是來自這些施壓者？我們的能量場早已被恐懼占領，如果沒有更強大的環境與認知，去改變身體裡的細胞結構，我們將會一直這樣認知，錯下去。

關於逃避者

拿不出代表作、做不出貢獻的人，最喜歡帶頭作亂。

你好不容易，鼓起勇氣向施壓者說：「不！」並逃離了他們的掌控，日子自此看似平靜了許多。當我們正在為自己跨出第一步，努力為生活打拚而感到開心的同時，沒想到，無所不在的逃避者已迎面而來。

沒本事的逃避者永遠都是站在場外圍觀，這是他們的生存模式。他們會高舉雙手向場內的我們揮舞，他們微笑著說：「我們在這裡呢！」一轉頭又對著同樣在場外的其他逃避者說：「場內那些人根本是在浪費時間。」

他們看起來像是在守護著我們，好像會陪著我們走到最後，但其實他們只會幸災樂禍的撐著洋傘，喝著咖啡，看我們到底什麼時候會放棄。他們從來只在意自己。

相信你一定可以發現，我們身邊有很多這種人，他們透過書寫或者照片，來呈現生活的愜意悠閒，他們想要展現內心的平靜沉著、智慧無上、與世無爭，但是，逃避者根本缺乏遠大的志向，他們在生活中找不到目標。

這一群在喝咖啡的人，聊的全都是些沒有意義的事情，興高采烈的聊完後，還覺得自己擁有一群正能量的朋友，然而彼此只不過是在倒垃圾、出餿主意、四處抱怨、道人是非、給人貼不完的標籤。

逃避者身上有一個共同特徵，就是特別憤世嫉俗，他們到處批判，看什麼都不順眼，認為自己最有本事。這些人長得人模人樣，穿著體面的西裝，擁有筆直修長的身材，套上洋裝更顯出眾的氣質。但是，那又如何？

我們總會被他們的外型所欺騙，他們光說不練，喜歡下指導棋，開導別人，但只要牽扯到跟自身相關的議題，他們就開始逃避。看不到他們有什麼實際的作為。在職場上、團隊裡、朋友圈，到處都可見這些人的存在。他們盡其所能的指責、發表言論，展現他上知天文下知地理的本事。嘴上常常掛著：「這裡不行，那裡該改……」他們也特別享受指使他人的榮耀，一旦真的換他來處理，卻一點本事也沒有，放馬後砲最行。

逃避者的內心是極度自卑的，他們只能用一種驕傲的姿態，來掩飾內心的虛無。他們喜歡主動發起戰爭、四處挑戰，在他們所掀起的每個想法或膚淺的論述裡，他們都認為自己是對的，是其他人都做不到的。他們認為自己所闡述的論述才是標準答案，其他人的言論都有漏洞，不夠完整。

他們甚至拿自己與成功者相比，認為自己的價值，與那些曾經經歷過生活苦難磨練、砥礪，最後擁有得來不易的精神指標與影響力的成功者，有著相提並論的同等意義，甚至還高過這些人。因為這樣的心態，所以他們批判老闆、主管、同事、朋友，以及所有優秀的人們，用他們習慣的以上對下、論功行賞的方式來評價一切，這種先聲奪人的作法，其實是用來嚇阻他內心不斷擴大的自卑感。

就逃避者而言，他一個人的獨角戲是撐不了場面的，再看下去就會破綻百出，可惜周圍有人忍不住，與之回應眾相討伐，最後反造就了唯恐天下不亂的逃避者。

逃避者喜歡在生存之外的地方囂張，過過乾癮，大放厥詞，享受舞台燈光所帶來的滿足感；一旦回到自己的工作崗位，你就看不到他那種傲視群倫、不可一世的態度。這種人，一般來說，在工作上不會擔任太過重要的職務，往往公司的一個政策，就能看出他們內心的渺小與迷惘，他們的存在與否，他們的想法與作為，對於公司來說，根本無足輕重、產生不了任何的意義。

在外頭一副見多識廣、大風大浪的生命張力，到了現實生存的世界裡，全是處處挨打、低頭接旨、唯唯諾諾。一旦離開討生活的環境，又馬上開始大言不慚，展開對外攻擊的火力，以及一系列前後矛盾、毫無意義的言論。

逃避者這一生最大成就感的來源，就是去強調他人的失敗，以及找出他人的錯誤。他們總是想要去挫敗身邊的人，他們訓練有素，你千萬不要被他們的伎倆給打擊到了。我們的恐懼越多，群體越慌亂，他們的自我價值感就會越滿足。這些人最拿手的就是貶低他人的價值，他們透過說道、說教，將我們框限在他們的觀念之中。

你身邊有「施壓者」與「逃避者」這兩種人嗎？或者，你就是他人眼中的「壓抑者」與「逃避者」，而你自己卻沒有覺察到？

我們只須處理自己，不需要處理別人，讓自己的思緒專注在自己身上，你也不需要刻意遠離這些人，反正他們會一直在原地踏步，而你只要不停下腳步，持續前進就好。

☑ 活出生命，重獲自由。

大玩「愛與關係」的人，心靈都要為此付出代價。

我有一個男學生S，他沒有辦法跟他爸媽對視，連閃過爸媽的臉孔都不行，光想都覺得恐怖，全身緊繃。

我認識一位從事心靈啟發教育的朋友，她說可以幫忙S做一些修復關係的協助。她與S碰面之後，對S說：「如果你沒有跟爸爸和好，你這輩子是不會有錢的。如果你跟你媽媽沒有好的互動，你的人生會更加辛苦，不會有貴人，沒有人會幫助你，注定只能一個人努力、打拚。」那時S已經跟在我身邊一段時間了，所以他對於這種完全不同於我所傳授的認知理念，乍聽之下很抗拒。

「這位老師不但沒有解決我的問題，我反而覺得被她威脅恐嚇了，我很不喜歡那樣的引導方式，要不是因為她是老師您的朋友，我會立刻中斷與她的對話走人，真的很不舒服。」

「好棒，你能分辨得出來什麼才是你想要的，而不是被外在的方法或話術給迷惑，我很替你開心。其實所有的方法都沒有對錯，選擇你能接受的就好，正視自己的問題，這樣就已經很棒了，其他的，交給時間。」

才隔了一天，我的朋友主動打電話給S。

「我昨天花一、兩個小時跟你溝通這麼久，你昨晚回去後，有沒有立刻跟你爸媽下跪道歉呢？」

「沒有耶，我還沒準備好……」

「什麼？不行，你今天一定要跪，你要跟他們道歉，說你錯了，你要發自內心對你爸媽說你愛他們，並跟他們懺悔，說你過去不應該這麼冷漠無情。你今晚跪完之後，再打電話來跟我說你的收穫是什麼，一定會很棒的。記得，跪完後打給我，還要把心得寫出來交給我喔！你一定會感謝我幫你解決了最困擾你的問題。」

S整晚徹夜未眠，他不知道該怎麼去處理這樣的情況，隔天急著跑來找我。

「哈哈哈哈，那你怎麼回應的呢？」

「我沒有任何的回應，只覺得壓力好大，我以後應該不想再接她的電話了吧，她還說要來我公司找我，我真的全身抖了一下。」

「所以她要求你向父母親下跪，你做得到嗎？」

「當然做不到啊，這跟老師平常教導的觀念衝突太大，心若不能接受，為什麼要去強迫自己呢？」

「嗯！沒錯，任何療癒的方式或課程，我相信都有助於我們的成長，也會帶來效果，但重點是，我們能否接受那樣的方式？我們做得到嗎？你的眼神讓我知道你很抗拒。」

「所以，老師你覺得，我要向我爸媽下跪嗎？我一定得要用這樣的方式，來證明我對我爸媽的愛與懺悔嗎？」

「哈，沒有什麼是一定的！沒有人希望與父母親的關係是不和睦的，只要有助於關係的修復，我們都是以開放的心態去面對，但前提是，所有的改變都必須是自己心甘情願。聊個一、兩個小時之後，就要回家跟爸媽道歉、下跪，這確實不是在解決問題，只會製造問題。我無法想像，她其他學生都是怎麼處理這樣的指令？」

在關係的處理上，每一個人需要的都是被支持，而不是被施壓。

這件事情經過了兩個月之後，我的朋友終於忍不住打電話給我了。

她很焦慮，「你的學生S出了很大的問題了，我真的很心疼這樣一個孩子，要獨自去面對這些關係上的衝突。你看，我跟他聊完都過了這麼久，他遲遲不能對父母親下跪。他與他父母親的關係，比我想像的還要惡化，我一定要出手幫忙才行，才能改善他跟父母之間的關係。」

「妳真的是一個很有愛心的人，妳對妳所有的學生也都是這樣嗎？」

「當然啊，不然你以為我的學生們怎麼可以一個個笑得這麼開心？」

「真的嗎？那是在妳面前笑得開心啊，他們怎麼好意思在妳面前展現愁容呢？妳是真心希望他們好嗎？**那就給他們需要的，而不是一味的給妳想給的，他們收不下這麼用力、激烈的愛啊！**」

「難道你忍心看他們這麼痛苦嗎？你都不會想要去幫助他們解決、修復關係嗎？」

「哈哈哈，我跟妳一樣，都希望身邊的人越來越好、關係和睦融洽，但是**冰凍多年的關係，如何僅僅靠一場演講、一次課程，就能夠有立竿見影的效果呢？我們看到的奇蹟只是表象，心理狀態沒有調適好，這一跪，只會衍生出更多的問題。**」

迷路時，最需要的是打開地圖，找到「我的位置」。

我想到，多年前有一個學生為了解決母女關係，還貸款到美國上了一個十多天的課程。在這課程的尾聲，老師、同學都積極的協助這位學生，建議她如何快速的修復母女關係，在課程中的引導就是向母親下跪道歉，承認自己不孝，如此便能化解關係。

這是課程中的作業，她必須去執行。她錄製了向母親跪拜的畫面並透過手機傳送給母親。她向母親道歉、懺悔，希望求得母親的原諒。當她完成了這項功課時，全班歡呼，老師及同學們都向她恭喜，說她終於成功挑戰自己了，又實現了一個成功的案例。她也沉浸在這樣成功的喜悅中。

當晚，她在房間裡情緒翻騰著，她心中其實有好多的疑問跟憤怒，她真的搞不清楚自己到底錯在哪裡，自始至終，她心裡依然覺得是母親對不起她，而她竟然逼自己做了一件最不情願的事情——向母親道歉。因此她更加恨自己，也恨這個世界。在這想法的周折翻攪下，她進入了一個可怕的心理狀態，之後，她寫下遺書，開窗一躍而下，結束了二十多歲的年輕生命。

這真是一場悲劇！明明所有人都在幫助她，為什麼她還是想不開？她心裡太苦了，在那個狀態下，她肯定快要瘋掉了，她只能選擇自殺！什麼才是她真正需要的？在關係的修復中，沒有特效藥。

我這位長期從事身心靈工作的朋友，邀請了一對離婚二十多年不見的夫妻，出席她的講座會。她在台上穿針引線，協助兩位當事人還原當年的一些狀況，台下的聽眾許多人哭得一把鼻涕，一把眼淚。我這位朋友突然話鋒一轉：「既然都大和解了，不如相擁接吻如何？」現場兩三百名聽眾鼓譟了起來：「接吻！接吻！」台上的夫妻被這突如其來的要求嚇壞了。講師繼續帶動氣氛，完全沒有打算放過他們的意思，她催促著：「碰一下就好了啊。」他們在抗拒無效之下，極度為難的完成了十指緊扣的安全之吻。他們夫妻怎樣也沒想到，到了這把年紀，鼓起勇氣上了台分享自己的故事，可是最後卻在台上被現場的觀眾集體「強姦」了，這對他們來說是多大的傷害啊。

我這朋友下台後展露著驕傲的神情，開心的跟我說：「你看，怎麼樣？這場講座太成功了，是不是很有張力？全壘打！全中！現場每個人都買單了，沒有一個人不感動，你看大家哭成那樣。」

而我，則是心中難受，在這樣的氛圍下，我們到底要接受這樣的操弄到什麼時候？這不是愛，這已經是在滿足自我的成就感，這是一種虛榮心，這是在消費眾生，我們的生命為什麼要這樣子被操弄？

「你這是在傷害他們，也在傷害台下的所有人。我覺得這太超過，這是一種誤導。」

「很遺憾你這麼認為，不過是個安全之吻而已，我只希望事情圓滿，讓大家感動，感受到愛。」

「妳真的把自己當成菩薩了。真的不要把自己想得好像可以度化眾生，妳只會把自己弄得很辛苦。」

最後，我這位朋友的婚姻出了問題，親子關係也有狀況，她心不靜，跑去修行，還跟我說，她找不到原本的動力，不知道自己怎麼了，希望我可以幫她重啟對生命的熱情。

「妳真的要好好想想，自己這幾年到底在幹什麼？舞台對於許多人來說是有魔力的，在舞台上的人，很容易就會著魔了。妳這幾年在台上，像是做了一場又一場的表演，做秀做過頭了，不知操弄了多少脆弱的心靈。到最後，妳不但消費了大家對你的信任，也把自己的關係弄得一團亂，我們的心靈勢必為此付出代價。我們以為有本事把眾生帶去彼岸，結果自己迷路了，找不到回家的路。」

你有迷路的經驗嗎？迷路的時候，特別歸心似箭，都希望趕緊回到軌道上。

想像一下你在深山裡走著，你感覺到哪裡不對勁，然後發現你迷路了。迷路並不可怕，可怕的是你不知道自己身處何處。你告訴自己不能停下腳步，可是越向前一步，越是忐忑不安，不知道繼續往下走會是哪裡，而現在到底是在哪裡，這條路沒有盡頭，眼前的岔路讓你不知該如何選擇。

另一種狀況是，你迷路了，沒多久，眼前的岔路出現了地名及路標，你這時才知道自己原來走偏了這麼遠，當下你便能決定要往哪個方向前進，雖然還在迷路中，但心裡少了忐忑。

一樣都是迷路，一個是在沒有路標的情況下繼續走，一個是發現路標，知道自己走很偏了，哪一種情況讓你比較放心、篤定呢？一定是在有路標的情況下，會讓人踏實許多，至少知道現在在哪裡。有了起始點跟現在的相對位置，才知道自己是從哪裡開始迷路的，接著該何去何從。

我身邊有很多人情緒起伏很大，常常吃不下、睡不著，會胸悶心悸、會失眠、會害怕人群，他完全不知道自己怎麼了，最後只好去看醫生。醫生診斷後告訴他，是憂鬱症。當知道自己得了憂鬱症之後，至少不再胡思亂想、慌亂，好像比較踏實了一些，心中恐懼也消除了一些，「原來我是憂鬱症啊。」至少他知道自己怎麼了。

我們必須先找到自己的病是從哪裡來的，或是明白自己到底是中了什麼病毒，這樣，當我們又發病的時候，才知道又是這個病因或這個毒所引起，要預防或治療就容易得多了。

先有地圖，找到我在地圖中的哪個位置，就不會那麼害怕了。我們為什麼不開心？為什麼總是過不了考驗？如果知道中的是什麼毒，就能知道該怎麼對症下藥來解毒；找到情緒的原始點，你就能夠輕鬆面對情緒，就不會亂處理關係。

能量場失衡，心想永遠事不成。

能量場跟人的身體一樣，也會中毒，一旦中毒，就會破壞能量場域內的平衡，甚至帶來毀滅。有五種主要的毒性會破壞能量場，導致能量傾斜，這五種毒性分為外在五毒及內在五毒。

從一個人的眼神、表達、思考方式、嘴巴裡說出了什麼，你就會知道他中了什麼毒。一講話，那個毒的味道就跑出來了，因為只有中毒的人才會說出這樣的話。當事人當然不覺得自己中毒，這就是毒厲害的地方，讓人中毒而不自覺，然後再去毒別人。如果我們能明白這些毒，就會知道自己目前的狀態，找到病因，對症下藥，才能藥到病除。

外在五毒：貪、嗔、癡、慢、疑

這些毒是怎麼來的呢？全都從我們身上的五感——眼、耳、鼻、舌、身——而來的。

人從出生就開始接受五感的刺激，也就是聽到、看到、摸到、聞到、感覺到的各種刺激，而能量的失衡就是從這些感受開始的。**五感的存在，是要提醒我們，覺察自己是不是有中毒的現象，而不是讓自己犯了毒癮，不可自拔。**

五毒的本質就是讓我們不快樂，到最後都是情緒的問題，情緒就是五毒最擅長使用的方法，情緒一來，就是毒性發作，可我們還不自覺，或者也不知道到底中了什麼毒，只知道我很生氣，我現在不舒服，卻不知道這毒該怎麼醫，我們為了保護自己，創造了一連串的攻擊行為，最後反而中毒更深。

這些毒，全來自我們的意識。

貪

貪，即貪念、貪欲、貪心。只要我們內心有「想要」、「成為」、「應該」、「追求」、「希望」，統統都屬於貪毒的範疇。

貪最好的包裝就是「夢想」。這個社會上，多少人前仆後繼，為了夢想徹頭徹尾變了一個人。很多人搞不清楚夢想與貪婪之間的界線，身邊一堆黃鼠狼，拿著「心靈雞湯」的免死金牌到處招搖撞騙，我們掉進了夢想的陷阱，卻沒意識到是心中的貪，把自己逼到危險的禁區。

人人都會想：我要再有錢一點、我一定要成為一個人人欽羨的成功人士、我應該要這麼做才對、我要追求一個更好的生活品質、我希望自己可以再帥、再美一點……。中毒的人都會將自己的行為合理化，他們一定會說：「我身邊的朋友全都是這樣子的啊，哪有不對。」貪毒滲透到我們體內，透過身體內的神經元傳遞到全身，這股貪念沒有一刻是靜止的。若你說這是對的，為什麼我們這麼不開心？我們還一直往這痛苦的深淵前去！

我在香港認識一位大哥，他曾經是一家美國上市公司的總裁，他出手闊綽，一疊一疊的鈔票逢人就送，大家都叫他皇上。他曾經在美國訂做一個黃金打造的浴缸，動用吊車把這氣派的浴缸吊上頂樓，還請了很多媒體來採訪，他就是要高調，要讓大家知道他是一個多麼成功的企業家。結果浴缸從空中掉下來，現場記者就做了這個意外事故的新聞。

多年後，他的事業結束了，腦筋動得快的他，開始偷拐搶騙，甚至因此被黑道追殺，只好到處躲藏、借錢度日。好好的人生，因為貪，落得這樣的下場。

媒體一天到晚報導誰做了什麼大事業、誰輕輕鬆鬆賺了多少錢，這些成功、財富的新聞與宣傳，讓我們聽得心癢癢的。你看看那些起貪念的人，會呈現一種魂不守舍的眼神，眼裡全是金錢符號，白天清醒時也沒停過發夢。貪，讓我們不肯腳踏實地，總想一步登天，狀態沒有一天是穩定靠譜的。賺錢本來就是好事啊，我也好愛錢多多，正因為如此，我更注意自己是不是貪毒入侵了。無欲品自高，唯有如此，才能無所懼的賺更多錢，這才合乎邏輯。

要消除貪念，最好的方式就是學會放下，秉持良心。你的德行要發揮出來，尊重每一個人，利益身邊每一個人，回饋你的家人、朋友、同事、客戶，還有這個世界。當你這麼做了，你就是在利益你自己的能量場，它會為你帶來你真正想要的，你才能真正睡得安穩、笑得自在。

瞋

瞋，叫作不爽、不高興、發脾氣、憎恨。現在的人情緒相當不穩定，一旦覺得有什麼阻礙到你，稍稍不如你意，就要火大生氣一下才行。嗔毒，像一支強大的軍隊，源源不絕的支援我們的腦袋，煽動著對你說：「受夠了對吧！爆發吧、攻擊吧，火力全開吧，你滿腔的憤怒統統發洩出來吧！」

有一個臉書的朋友寫信給我。他說：

「我的情緒沒有一刻是平靜的，我看到任何人、事、物都讓我極度不滿，我全身充滿了刺，所有的情緒全都寫在臉上，沒有人敢靠近我，一開始我還覺得挺爽的，你們知道怕我就好。後來我發現，同事們很明顯的在疏離我，這讓我更加生氣……」

「情緒來臨的時候，正是能量流動極快的時候，一旦你開口罵人，能量場就會加速不斷的複製這些可怕的思緒。」

「可是我多數時候是沒有開口的，我只是覺得他們真的很過分，為什麼要刻意排擠我，有時候想想，這些人不要也罷，沒有一個值得交心的。」

「**在能量的世界裡，不是有沒有開口的問題，能量的流動是在你起心動念之間就創造出來了，**你心裡正在用力的咒罵著不是嗎？去擁抱這些人吧，去善待他們吧，去利益他人吧！」

「我真的做不到，我該怎麼去擁抱他們？他們又不喜歡我。」

「哈，擁抱、善待、利益就是先從停止思考開始，思考只會讓憎恨擴大。他們不喜歡你，那你喜歡他們嗎？再說，他們絕對沒有你想像中的那麼討厭，這都是嗔毒作祟。」

沒事的時候都是大道理，遇事的時候，沒多少人明理。嗔毒讓我們隨時像一團火球，燒斷我們的理智線。停止抱怨吧！孔子忍飢（注①）、顏子忍貧（注②）、閔子忍寒（注③）、韓信忍辱（注④）、張公忍居（注⑤）、婁公忍侮（注⑥）。當時的環境，古人能忍，現在的環境，卻沒人想忍。

耶穌在他最後的晚餐中，明知道他的徒弟要殺害他，還是用了祂的大慈悲心，包容即將殺害他的人。我想這是一種境界，但我們都可以從生活中，學習透過祝福他人，來取代嗔恨之毒。

心念改變，學會慈悲，就能降低嗔毒帶來的干擾。當你發覺你又中了嗔毒的時候，有個方法我覺得不錯，而且每個人當下都做得到，就是把你第一時間應該有的反應，養成習慣變成「喔！」、「真的啊！」這樣就能在當下，控制、消滅或預防嗔毒蔓延。

癡

癡，即愚昧、愚癡、盲從，白話的意思就是搞不清楚狀況、隨波逐流、人云亦云、不明就裡、缺乏獨立思考。跟這樣的人怎麼溝通？難上加難啊！

癡毒讓人有著無法動搖的信念，這樣的人會以自我為中心，聽不進他人的聲音，排他性相當強，不能允許不一樣的聲音出現。他們就像社會低層那些逃避者，是一群只會批判抱怨，全身充滿攻擊能量的人，從來不覺得自己有什麼問題。這就是愚癡，他只相信自己。

現代人的生活壓力大且痛苦，太多人在積極的尋找各種可以解決內心痛苦的管道，任何有效的方式他們都願意試試看，所以才會有這麼多人被某些鼓吹可以改變自我的新興團體，或詭異的自我開發研習會，或測驗之類的課程所吸引。我們千萬不要有一種想要改變誰的想法，這只會讓自己辛苦。我們急著想要去改變、調整對方，總覺得對方這樣子是不對的，卻沒看到自己正進入癡毒的天羅地網。那種想要改變他人、覺得自己才是對的的堅定信念，才是最可怕的。

「為什麼我的家人就是這麼堅持，就是不願意改變？為什麼要這麼固執？我怎麼辦才好？」

「這樣很不好嗎？他覺得很好啊！」

「為什麼會很好，我覺得這樣很不好，這樣下去他一定會很痛苦。」

「覺得他這樣很不好？現在感覺不好的是你，不是他，我看到一直在痛苦的人都是你啊！**他自己就不覺得痛苦，他覺得好就好了啊！要記得，不會有人讓自己不好的。**你不也一樣固執的要他聽進去嗎？為什麼不去祝福他呢？就是什麼都好，什麼都歡喜地接受吧！你現階段內心力量還不足夠去影響他，那就調整自己的心態。憑什麼只有你的才是對的？去祝福、接受對方吧！」

如何才能化解癡毒上身並且不受控制？愛的力量最大，學會支持與送出祝福，這才能消除緊繃而對立的關係，重建和諧的能量場。

慢

慢，即傲慢。那是一種糅雜了自卑感與優越感的複雜心理狀態，這一類型的人往往會脫離現實，覺得自己優於所有人，對自己的能力、成就、競爭力與處境，有過度正面的評價。尤其是當他們小有成就的時候，便會向人吹噓、邀功，連走路都得意洋洋，這優越感全來自於內心的自卑感。

慢毒的特性，讓人彷彿得了僵直性脊椎炎，腰桿子怎麼樣都彎不下去。明明是自身的錯，卻不願低頭、不願承認，行事作為常常目中無人，傲慢無禮，很在意自己是不是被人忽略、不受重視。他們外顯的行為與表情會不自覺的瞧不起人，但自己卻沒有意識到已經習慣那種眼神與習氣了。這樣的人，更應學會謙虛反省。

我與一個業務單位的主管熟識多年，他一直邀請我去他們單位演講，可是我始終認為，問題最多、最需要被調整的是他自己。慢毒遍布全身的人，自然不覺得自己有問題，我曾向他舉了幾個例子，但很顯然，他聽不懂我是在說他，反而認為他團隊裡的人就像我舉例的那樣糟糕。

「說好的時間就要準時，不要經常遲到，遲到就是一種傲慢自大的跡象。好像你的時間才是時間，其他人的時間都可以浪費，永遠都是讓別人等你。」

「習慣性打斷他人說話，這意味著根本不在意他人的觀點，透露出鄙視、傲慢的姿態。」

「以為自己萬能，最了不起，相信自己值得期待，然後不自覺的嫌棄所有人。」

「喜歡誇大自己的一切，就像公雞一樣，認為太陽都是被牠叫起來的，自己才是最大的貢獻者，所有人都應該感恩你！」

「覺得別人沒有你不行，質疑每個人的能力，又四處抱怨自己做太多。」

「老喜歡幫別人反省，自己都沒有問題。成功都是因為你扛起責任，失敗都是因為他人軟弱無能。」

「喜歡被人談論，希望大家臣服於你，把所有焦點都放在你身上，認同你所有的思言行，覺得自己永遠是對的。」

「遇到不喜歡的人，說起話來看似稱讚，其實都在貶低、否定對方，企圖引導、改變所有人，要大家跟你的看法一致。」

「用堅不可摧的面具來保護自己的缺點，碰到某些議題只會閃躲、逃避。」

「透過虛情假意來吸引大家注意，更顯出內心的脆弱與空虛。」

五毒影響我們的情緒、改變我們的認知。你必須先看到自己的狀況，承認自己中毒了，能看見，就好了一半。

「沒有，好險我都沒有中毒。」這句話就是中毒，很嚴重。

疑

疑，即懷疑、猜忌、隱藏。猜忌是人生的大敵，我們的人生多數時候都是被這個毒給毀了。我們不自覺的開始觀察別人、檢視別人，甚至散布謠言，反正都不用負責。

很多人喜歡神神祕祕的，不說明來由，對話中完全沒有重點，或是沒有目的的關切與詢問，都是疑毒上身。

「在嗎？在嗎？」、「老師，老師……」、「在幹嘛？」、「（笑臉）」、「可以請你幫我一個忙嗎？」……你有這樣的朋友嗎？他們常不知道什麼原因跑來打個招呼，然後就消失不見了。

我一個在當兵的學弟就是這樣，隨時隨地都在打探、收集大家的消息。

「在嗎？在嗎？」

「在啊，怎麼了嗎？」

「沒有啊，就跟你個招呼這樣。在家嗎？」

「在休息！看書！」

「喔，你不是前兩天就出國了嗎？怎麼會在家？」

「對啊，我前天出國的，我現在在看書，沒說我在家啊！」

「這一次是去哪裡啊？到處旅遊好爽喔！」

「廣州。」

「奇怪，你不是應該在曼谷，你臉書上不是說你這幾天在曼谷有一場演講嗎？」

「是啊，我過幾天在曼谷有一場演講，但我現在人在廣州。」

「廣州現在天氣怎麼樣啊？」

「可不可以讓我知道你到底想問什麼？我們這些對話好無聊，也好浪費時間耶！如果你是都已經知道的事情，就不用再來跟我確認了。所以你的重點是什麼？」

「哈哈哈，沒有啦，就是看看你在哪裡這樣而已啦，想說，也是有一件事情，想來問問看你的意見，不過我覺得這件事情好像也不是那麼重要。」

「既然不重要你還開問幹嘛，都知道不重要了，就不用來問了，更不用這樣繞一大圈。你知道嗎？每一次你的訊息都讓我不知道你到底想幹嘛？如果我之後沒有回應你，那是因為我知道這事情不用急著回應。」

我幾個同袍後來跟我說，他們也都會收到這個學弟的問候，早已對他已讀不回或自動忽略，因為看到他這些訊息或迂迴的問候，並沒有讓人感到窩心。

疑心生暗鬼，有疑心病的人習慣躲在暗處，與人保持固定的距離，他們成天擔心這、猜忌那，哪還有時間做些讓自己開心的事呢？

我們不願意承認自己敏感多疑，在不信任他人的前提下，自認為是有修養的在專注、同理的聆聽對方的言語，最後疑毒上身，還是選擇了批判與否定，阻斷了溝通、切斷了關係。一考就倒。

活得自在，活得快樂，簡單去相信，而不是合理去懷疑，這就是克服疑心病的最佳良藥。適當的懷疑，是對自己的保護；過度的懷疑，只會對自己造成傷害，甚至阻礙身心靈的提升。

注①：史上記載孔子帶弟子周遊列國時，在楚國受到冷落，一行人困行於陳國與蔡國之間，餓了七日，孔子依然堅持理想，學習不倦，並繼續他的遊說行程。

注②：《論語．雍也》子曰：「賢哉回也！一簞食，一瓢飲，在陋巷，人不堪其憂，回也不改其樂。賢哉回也！」孔子讚賞顏回安貧的心態。

注③：閔損，字子騫，其母早喪，父續弦，生二子，衣以棉絮，而衣損以蘆花。父察知其故，欲出後母，損止其父曰：「母在一子單，母去三子寒。」此即二十四孝之「單衣順母」的故事。

注④：《史記》曾記載韓信「胯下忍辱」的故事。少年韓信早年曾受霸凌，他忍辱，不逞凶鬥狠，承受眾人鄙視目光，從惡少胯下爬過。

注⑤：張公，指的是張慈觀，人稱張聖君，名自觀，一名祥，字其清，一字克勤，道號慈觀，人稱張真人。乃古代漢族神話傳說人物之一，監雷御史，五雷法主。早年喪父，家貧，以砍柴、為人修理鋤頭柄為生，常餐風露宿，或棲身廟寺，得道回鄉後，依然過著簡樸的生活，結庵修道。

注⑥：唐．劉餗《隋唐嘉話．卷下》記載婁師德和他弟弟的對話。婁師德弟拜代州刺史，將行，謂之曰：「吾以不才，位居宰相。汝今又得州牧，叨據過分，人所嫉也，將何以全先人髮膚？」弟長跪，曰：「自今雖有唾某面者，某亦不敢言，但拭之而已。以此自勉，庶免兄憂。」師德曰：「此適所謂為我憂也。夫前人唾者，發於怒也。汝今拭之，是惡其唾而拭之，是逆前人怒也。唾不拭將自乾，何若笑而受之？」乃「唾面自乾」的故事。

五毒讓我們全身充滿垃圾，人人都是垃圾人。

每個人的內心都裝滿了垃圾，都堆積成一座巨大的掩埋場。看看身邊多數人的表情、行為，還有說話的口氣，他們的心中全是沮喪、憤怒、忌妒、仇恨；充滿了愚昧、無知、煩惱和失望；散發出貪心、不足、抱怨、比較。毒氣遍布全身，好毒！

若我們碰巧遇到這些人，他們的垃圾就往我們身上丟了，為什麼會往我們身上丟呢？因為在這些載滿垃圾的人眼中，我們身上有著跟他們相同的氣味，他們一看、一聞就辨識出我們，他們知道我們也專門在收這些垃圾。這就是為什麼，當我們遇到往我們身上倒垃圾的人，我們通常第一時間也是反擊回應，沒在客氣的，因為我們身上的垃圾不會比對方少，可能還更毒。

如果你不希望自己成為他人眼中專收垃圾的人，遇到這類人，你只要微笑，讓開，祝福他們，然後繼續往前走，清閒的過你的人生。人生短暫，為什麼總有一堆人浪費心思和精力在這些人事物上！最糟糕的是，我們接受了他們的垃圾，再將這些垃圾，擴及到身邊最愛的家人、朋友、同事或其他路人，他們何其無辜。

我們只會喜歡那些對我們好的人，但也要記得祝福那些對你不好的人。生活中若真的遇到這樣的人，就一笑而過吧，誰會和垃圾一般見識呢？

外在的誘惑讓我們的五感不斷接受刺激，卻沒發現，這些誘惑全是五毒偽裝而成的。如果沒去搞懂自己並不是那個思考者，就沒辦法好好觀察自己的思緒與情緒，盯緊自己的大腦吧，只有擺脫對心智大腦的認同，時時提醒自己，檢視自己，才能降低五毒對我們的侵害。

經由外在五毒長時間餵養的認知價值後，我們的內在也在不知不覺中起了化學變化。外在五毒透過五感進入我們的身軀，長期累積成了內在五毒，造成身心靈全面失衡，能量場才會這麼混亂。

內在五毒：怒、恨、怨、惱、煩

怒

《尚書．君陳篇》說：「有容德乃大。」一個人若沒有容人的心量，往往會在雞毛蒜皮的小事上斤斤計較，有仇必報。很多人一點小事都無法容忍，胸懷不夠開闊，這樣的狹隘怒氣，正好與外在貪毒相呼應，內外連成一線，自然經常怒氣沖天。

恨

內心充滿憎恨，其實是一種對自己軟弱的無能為力，只能透過打罵去攻擊他人，但更內在深層的含意，是一種不願意面對、不願意改變自己的情況，因為沒辦法面對自己，所以抓到機會絕不放過他人。憎恨的能量與外在的嗔毒頻率相同，於是內外結盟，毒性一來，我們把全世界的人都給恨上了。

怨

盲從者永遠是貪婪者的最愛。一個人在群體無意識的作用下，會失去他原本善良而正直的性格，這些人往往會對於一知半解的信仰、觀念或是片段的認知，從容赴義，表現出崇高的獻身精神與不計名利的行動。

這個社會太多偷拐搶騙的事件了，這些人跟著騙子久了，自己也成了騙子，才發現能騙的都是相信自己的人，此時他心中怎能不怨？滿腔的怨氣與外在的癡毒，有著一樣的氛圍，清醒之後，我們最不能原諒的就是自己。

惱

惱，來自於愛挑人毛病，不服人，愛爭辯。我們見不得別人好，喜歡與人一較高下，總是想：「他有什麼強的，他還不夠好呢！」只要自己不是注目的焦點，心中就會特別懊惱，到處幫人貼標籤。這內在的「惱」瘤若不清理，將與外在的慢毒強強聯手，漸漸的，我們不再受人尊敬，生活受人控制，不可小看這不經意發作的毒，禍害遺千年啊。

煩

煩悶是一種心病，是因自我否定而來。為什麼要自我否定呢？因為不認同！對他人的不信任，其實是潛意識裡覺得自己不配、沒信心，覺得自己不夠好，所以不斷去挑戰他人的極限，以求得安全感。不放過自己，就不會放過他人，這內在的煩悶有口難言，與外在的疑毒裡應外合，搞得我們腦神經衰弱，很難一覺到天亮，什麼正事都無法幹，成天歇斯底里。

我們的身體就是這樣中毒，最後動彈不得。這些毒素內外夾攻，有多少人可以全身而退、無病一身輕？這些毒素不就是我們每天為自己設置的障礙嗎？

人生唯一的關鍵字是「成長」，而非「成功」。你要篤信，你將變成越來越好的你。不是覺得、不是應該、不是希望、也不是相信，是篤信。（即是二〇〇％的相信。）

你必須要全然的相信，並開始對自己說：

· 我的胸懷跟大海一樣大，我不斤斤計較，我不跟任何人一般見識。（容人，不貪）（解決怒）

・我是個有出息的人，不會亂發脾氣，我會持續學習來應對我的生活。（有出息，不嗔）（解決恨）

・我在成長，我會想辦法克服困難，而非隨波逐流。（有辨識能力，不癡）（解決怨）

・我跟別人一樣，別人能做到的事情，我也能做到。急什麼，我也可以趕上去。（我跟別人一樣，不慢）（解決惱）

・今天的我是由過去的我慢慢成長起來的，沒有過去的我，就沒有今天的我。我為過去的我感到自豪。（肯定自我，不疑）（解決煩）

地圖中若沒有「我的位置」，這張地圖就沒有太大意義。

迷路了，最先要做的是，打開地圖，找到「我在哪裡」，只有找到我所在的位置，才會有時空的概念，找出相對應的位置，能讓我們安全的從這裡走到那裡。如果只是一張地圖，地圖中沒有我所在的位置，縱使在地圖中找到了許多你所熟悉的地名，但你不知道現在身處何處，我們就依然處是在迷霧中，走不出來。

我們的生命到底是怎麼走到充滿劇毒的現在？外在五毒貪、嗔、癡、慢、疑就是原始點，內在五毒怒、恨、怨、惱、煩則是終點。只要能夠找到原始點在哪裡，是五毒中的哪一個，就能預防自己不自覺的被五毒牽引而走到終點。我們或許看到自己中毒了，卻沒有辦法對症下藥。內在五毒讓我們全身不舒服，只有找出原始點——外在五毒，它們才是真正的元兇。找到它們，才能清楚察覺自己是從哪一個毒、哪一個環節開始，一步錯，步步錯的。

「人生使用手冊」的使用方式及格式範例APP

接下來我想占用一些篇幅，透過每個人的人生使用手冊，找到你們的原始點。因為我們身上的原始點，會不自覺的往外在的物質世界靠攏，最後把外在五毒帶入我們身體內，轉化成體內的內在五毒，讓全身充滿毒。我們接下來將掀開最後一個潘朵拉的盒子，一起看到關於生命最重要的祕密——我是誰！

在每個人的人生使用手冊裡，都已經清楚的寫出，從出生那一刻起，將受到哪些外在五毒的干擾，透過人生使用手冊，可以在第一時間找到各人的情緒原始點。每個人的來源都不盡相同，這些外在五毒會轉化成內在五毒藏於體內，伴隨我們成長，所以情緒永遠沒完沒了。只有找出我是誰，才能看出我們會被哪些毒性所干擾，當下覺察，拒絕誘惑，才不會在人生的道路上不斷迷路，找不到回家的路。

依據自己的人生使用手冊按圖索驥，就好像在迷霧中看到了指標，當你知道自己生了什麼病之後，反而不再那麼焦慮，如實的看見就是坦然的面對，內心會更加自在。

要麻煩大家透過手機下載由我親自開發撰寫的 APP，這是我花了一整年的時間閉關，足不出戶所寫出的手機應用程式，它本身擁有兩個專利，且獲得國家獎勵來支持我這一項開發。在我推出這個 APP 之後的三、四年，持續有許多國家的學生傳了坊間其他 APP 的畫面截圖給我，至今已經不知道有多少個 APP 抄襲了我的內容，連文字都一字不漏的複製貼上。我看了反而笑開懷的告訴學生們，那很好啊，代表我的作品受到這麼多山寨的注意。

辨別真假的方式是，有放著我的人頭像的那個才是我本人開發的，請搜尋「大算命理八字」APP，iOS 及 Android 兩個系統都可下載。

只要在 **APP** 裡輸入你的出生年月日（國曆），你的出生時辰是否正確對於此刻的教學影響不大，因為時辰不影響「我是誰」。接著看看圈起來的那個位置是什麼字，這格子裡只會出現甲、乙、丙、丁、戊、己、庚、辛、壬、癸這十個字其中一個字，而這一個字就是「我」。每一個人都是從這個字開始，跟外在的物質世界有了連結，這個字會跟著我們一輩子，不會改變，除非你輸入的出生年月日有誤。

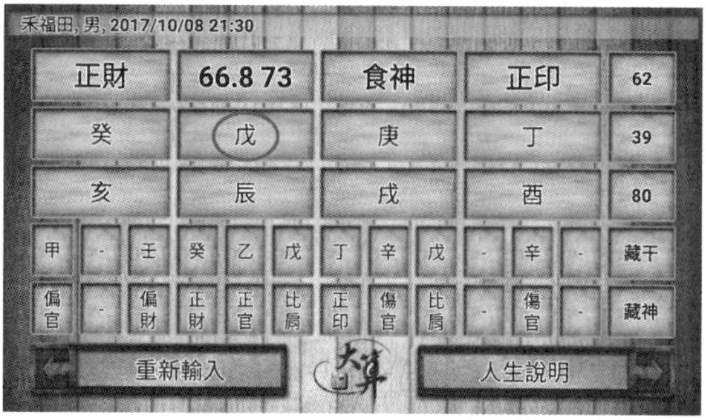

「我」與五感、外在五毒、內在五毒的相對應位置

我是誰（原始點）		五感	外在五毒	內在五毒
甲	乙	眼睛（眼）	貪	怒
丙	丁	身體（身）	嗔	恨
戊	己	嘴巴（舌）	癡	怨
庚	辛	鼻子（鼻）	慢	惱
壬	癸	耳朵（耳）	疑	煩

外在的誘惑吸引了五感注意，當五感的需求過於強烈，就會是發病的開始，一旦中毒發病，便成了外在五毒，最後演變成內在五毒。當眼前的外在刺激透過五感進到大腦的同時，我們必須要能覺察、把關，才不會讓這些毒蔓延全身。

「我覺得我好像五種毒都有。」這是當然的，但是一切都是從原始點開始，所以，覺察的第一

步就是當你開始知道我是誰之後，「我」就是一切毒性的原始點。

如果你想處理你的情緒，你要先知道這些情緒到底是中了什麼毒，看懂你的毒從何而來，你就會知道你到底在意什麼，這有助於你練習當下覺察並學會自我控制，內心才能越來越強大的去正視面對誘惑的侵襲，學會管好自己的心，將自己的人生重新拿回主導權。

找出情緒原始點，美好的人生方程式會像骨牌效應自然發生。

我屬於甲或乙的人

外在的刺激會讓五感的眼睛特別有反應，不自覺的就以利益為優先而起了貪念，所以貪念就是甲或乙這兩種人的情緒原始點，所有事的發生，都是從這裡開始延伸出去的。一旦貪念作祟，魔鬼便趁虛而入，轉化為貪毒藏於體內，成了內在五毒——怒，破壞了自己的能量場。

當情緒來臨時，我們要能第一時間意識到五毒正在對我們散播毒氣，對我們的能量場進行分化與干擾，去覺察自己的狀態，甲或乙的人必須先承認自己中了貪毒。眼前這些都不是你要的結果，為什麼會走到這裡？都是自己太貪，不是嗎？降伏心魔最困難，當你能夠面對自己，人生才能從這當下跳脫，重新洗牌，轉換不同的能量場。

我屬於丙或丁的人

外在的刺激會讓五感的身體特別有反應，往往不自覺的就會對人亂發脾氣，全身就是不舒服，而起了憎恨心，所以愛生氣就是丙或丁這兩種人的情緒原始點，所有事的發生，都是從這裡開始延伸出去的。當下覺察何其重要，若不嚴謹把關，轉化為嗔毒藏於體內，則成了內在五毒——恨。

「為什麼團隊要離我而去？」「身邊的人為何都不諒解我？」是這種人常見的困擾。你能意識到自己是一個抱怨的帶原者嗎？你身上強大的不滿情緒，教人難以與你相處，繼續這樣下去，人生只能在悔恨中度過了。當你有勇氣對眾人說：「抱歉，我不應該動不動就生氣，我中了嗔毒了。」恭喜你，你已經好一半了，因為心智頭腦不可能說這種話，它永遠覺得不是它的問題。

我屬於戊或己的人

外在的刺激會讓五感的嘴巴特別有反應，往往不自覺的就會動口挑釁、製造對立，常造口業、起分別心，多嘴就是戊或己這兩種人的情緒原始點，所有事的發生，都是從這裡開始延伸出去的。若不能管好自己的嘴，忍不住總想多說點什麼，轉化為癡毒藏於體內，成了內在五毒——怨。

當你的情緒來的時候，要記得告訴自己：「我又在執迷不悔，中癡毒了。」為什麼現在會變成這樣的局面？因為自己處處與人爭辯，贏得一時的勝利，嘴上換來的意氣風發，是人生中的無敵大陷阱。你現在該做的是認同他人，承認自己癡毒上身，而不是去挑戰他人。不要急著反駁，而是要學會柔軟，感恩每一次的考驗。

我屬於庚或辛的人

外在的刺激會讓五感的鼻子特別有反應，在意環境的氛圍，其中包含人際相處的互動，往往會不自覺的起了傲慢，不夠收斂，所以驕傲忌妒就是庚或辛這兩種人的情緒原始點，所有事的發生，都是從這裡開始延伸出去的。凡事控制不了自己的傲氣，咄咄逼人，轉化為慢毒藏於體內，成了內在五毒——惱。

嫌棄就是驕傲。我們心中只要有一點點的不屑、貶低，就是受到慢毒的煽動，因為自卑，見不得別人好，最後竟然讓自己連站的位置都沒有，真是始料未及。我們必須看到自己的慢毒正在發作，才不會被群體排擠，我們態度傲慢，最後惱火了所有人。

我屬於壬或癸的人

外在的刺激會讓五感的耳朵特別有反應，到處旁敲側擊，不自覺的就對人採取不信任的態度，少了自信心，所以敏感多疑就是壬或癸這兩種人的情緒原始點。所有事的發生，都是從這裡開始延伸出去的，轉化為疑毒藏於體內，成了內在五毒——煩。

「為什麼我小人這麼多？」「這不是我要的人生！」是這種人心中常見的疑問。一個天生多疑，不太相信他人，喜歡到處檢視他人的人，你期待會有什麼樣的美好人生？八卦、到處打聽小道消息，還覺得大家都在說你壞話。勇敢告訴自己：「我中疑毒了！」這樣才能擺脫這些毒性長久以來的控制，才不會有事也煩，沒事也煩，每天都在煩。

是不是中了貪、嗔、癡、慢、疑這五毒，自己心裡最清楚，只是不想去承認罷了。因為心智頭腦不喜歡被冠上這些罪名，所以會抗拒，總是推諉說：「我還好啊」、「我沒有」等等。當你開始接受自己，看見自己，才能包容鼓勵自己，慢慢的就不再被外在世界綁架而引發情緒了。

我總是會以一個旁觀者的角度來看自己，發現自己的貪婪、憎恨、愚癡、傲慢與多疑，但心智腦袋一定會跑出來阻止我繼續這樣觀察下去。只有控制了那個自以為可以掌控我生命的思考者——心智頭腦，我透過一次又一次的練習，就會發現自己的進步。**人生一直在前進的感覺真的很棒，換了一個令人耳目一新的能量場，開始創造了自己的生命。**

我看著多數人選擇繼續催眠、欺騙自己，被自己的心智頭腦掌控，沒能看懂自己所認知的生存策略，自始至終都在傷害自己。我們從來不想花時間去認識自己到底是誰，最後與魔鬼交易，從五感到五毒，侵蝕全身，能量場幾乎被弄得殘破不全。

如果可以好好認識自己的本質，從「我是誰」開始調整起，你的生命方程式就會自動改寫，美好才會一直來臨。想要活出自己，實踐人生目標？一切從面對自己開始。

如何讓內心力量強大

想要多成功，內心力量就要多強大。

誰不希望自己的內心力量強大，但偏偏遇到問題就不知所措，所有的聲音吞噬了我們僅有、殘存的力量。內心強大的人，永遠有別人無法摧毀的心理優勢。內心強大的你，將聚集來自外界的無窮能量，進而推動自身的行為。

真實性大於一切！

真實性，就是真正在你眼前發生過的事，你親眼看到、親耳聽到的，大腦才會當一回事的接收、受理，然後成為理所當然的強大力量，在每個人的能量場裡運作所有一切。

若只是嘴上說出的事，而非真實發生的，都將流於形式，只會是自我安慰的口號，無法撼動既有的信念，無法造成什麼影響與改變。因為你的大腦日理萬機，根本無暇理會那些非真實性的事件，那些你沒看到、沒聽到、沒去身體力行實踐的事，將會被大腦定義為不真實的事件。

「唉，妳老公外面有女人耶……！」

「不要亂講，那是同事、朋友啦，沒這回事的。」從來沒人跟妳說過，所以妳第一時間的反應是否定，妳絕對會相信老公。沒多久，第二個人又來跟妳說，之後又有第三個人講、第四個人講……，於是妳開始有些不安。可是妳看到了嗎？沒有！所以妳只能試探性的問問老公：「最近工作忙嗎？每天都要加班啊？」

妳不知道該怎麼去釐清這件事情，想問老公又不知道該怎麼問，因為那全是別人說的，妳不知道該相信誰才對。

有一天，妳看到妳老公摟著一個女生進了一家飯店，他們的互動如此親密，不管他們的關係是不是如你所想，但妳就是看到了他們親密的摟在一起。之前妳還會客客氣氣的詢問、試探，這個時候，妳不知哪來的力量，妳破口大罵，甚至打了妳老公一巴掌，還扯了那個女孩子的頭髮走上街去（當然這樣粗暴的行為並不恰當）。妳到底哪裡來的勇氣？

真實性！

我們在生活中，往往會因為看到、聽到，而做出連自己都意想不到的事情！真實性為我們帶來成功，也帶來毀滅。

真實性發生的瞬間，會激活我們全身的細胞，神經元將大腦所定義、認知的訊號傳送至能量場，此刻的我們全身充滿力量。**如果我們要充滿力量，就必須在生活中讓真實性發生，「真實」，就是真真實實的去參與。**

所以，僅只是腦袋中的想法，都不是真實的，我們一天可以冒出成千上萬個想法，到現在都不知道累計了幾百億次的想法了，但是真正將想法落實在生活中的，微乎其微，這一點大腦怎麼可能不知道。如果沒有身體力行創造真實性，大腦將判定「想法」是一個不具公信力的概念，無須理會它，大腦早已麻痺。

如果有一個人騙了你數億次，你依然會選擇相信對方嗎？當然不會，同樣的，你就是那個騙了自己無數次的人。所以你想了什麼、說了什麼，你要大腦怎麼相信？說謊成性才是最真實的。若想要我們的能量場獲得力量，只有透過身體力行帶來真實性一途，不然你叫大腦如何再相信你一次？

有一位仁波切透過學生來找我，問了我一些問題。仁波切相當關心他的獲利，頻頻問我，他在各個地方的投資是否可以回本？有機會嗎？時間點大概會是在什麼時候？

我當場還說：「哇，你怎麼有這麼多錢投資這麼多的生意啊？」這是我的自然反應，仁波切沒有回應我，繼續追問關於他的投資。讓我感到疑惑的，不是仁波切沒有工作卻有那麼多的錢可以投資，拿錢投資是很正常的，錢怎麼來的也不關我的事，我唯一不解的是，為何他會有入世如此之深呢？生活上的種種體悟，應該早已成為仁波切的哲學信仰價值才對，可是我只感受到他身上全是伴隨金錢而來的得失心。

他的婚姻現出了問題（他是在家仁波切），親子關係緊繃，小孩不回家，可他依然只問投資可以賺多少錢？會賠嗎？這位仁波切給我感覺，就是一個五毒具足的修行人，我不知道我這樣理解他是否恰當，但這是我當下的感受。他對信徒說要平常心、要放下，說錢財生不帶來死不帶去，可是他在生活中身體力行的卻不是如此，這才是在他眼前發生的真實性，所以他沒有力量去處理世俗的干擾，因此生活才會一直有狀況，心不靜。我也認識好多位仁波切，其他位仁波切給我的感覺都不是這個樣子的。

我有一個學生是健身教練，這五、六年來在大陸發展得非常好，培訓了數以萬計的健身教練。他在健身產業已經小有名氣了，然而他給我的回應是，這樣的發展算很好嗎？不過就是忙碌了一些罷了。

二〇一六年，他接到一家運動器材的代言，可以在很多大樓看到他的海報高掛在樓牆上，他的代言包括必須教會全大陸的運動員，如何使用這一款運動器材。他四個多月跑遍了大陸三十多個城市，那一百多天的日子裡，就是在飛機、火車、出租車、酒店中穿梭著，常常不清楚自己到底在哪個城市了。

「老師，你知道嗎？我終於懂你一直在講的真實性是什麼意思了。我這四個多月來，實在是忙碌而充實，根本白天不懂夜的黑，之前在上海工作五年，完全沒有這樣的感覺。那時我想說，我不正在從事最熱愛的工作嗎？這不就是真實性了嗎？但其實一點都不是，那只是一種可以預知明天要幹嘛、後天會發生什麼事情的日子，腦袋都比我更早知道會發生什麼事情，那只是在生存，討生活混口飯吃而已。」

他分享說：「這幾個月，我走出了平常工作的地點，看著眼前發生的每一件精采的故事，我跟不同城市的人互動，從他們看我的眼神及反饋，確實讓我變得很不一樣。這是如此真實的體驗，我想，這才是說服我的大腦，重新看待我的生命、感受我是如此的熱愛與珍惜現在的狀態。這些千辛萬苦獲得的一切，如此真實的穿越了大腦，讓大腦相信，這個主人這一次是玩真的了。」

持續提取的記憶才能成為潛意識，帶動強大的能量場。

我要去學英文了。去了嗎？

我回家一定要洗完衣服才能睡覺？洗了嗎？

我晚上一定要去運動。有嗎？

我今天一定要把工作做完再下班。結果呢？

我再也不要惹我爸媽生氣了。事實是？

我以後要做一個人見人愛的小孩，我要多微笑。可是……？

我一定要達成我自己設定的目標，沒有原因理由，說到做到。最後呢？

我們比放羊的孩子還要可惡，全都是在自我欺騙，永遠沒有真實性。**真實性就是，去做你腦袋想的、嘴上說的，去執行它，大腦才會當真。**

如果你想要內心力量強大，你必須養成「現在就去做」的習慣，讓大腦開始把你當一回事，最後就會塑造這樣的神經迴路。性格就是我們過去經歷的總和，你會這麼想、這麼說、這麼做，都是因為過去的經歷所造成的。

記憶就是加深我們對真實性的認知管道，所以我們可以透過記憶，讓真實性的事件更加完整並強化它。

還記得上個月的五號穿了什麼衣服嗎？上星期一又是穿什麼衣服呢？總不可能沒穿吧！前兩天中午你吃了什麼？誰沒事去記這些東西啊！

記憶，分成了長期記憶與短期記憶。

我們的短期記憶是有容量限度的，並不是每一件事情都會被放在這個記憶體內，我們透過五感，把所有的信號統統暫時放置在短期記憶裡。你看到有人在挖鼻孔、有人在打瞌睡、有路人在吵架、大家在捷運站裡排隊出站、路邊小狗在亂叫……，所有的發生都會占據短期記憶容量。一天下來要吸收多少訊息啊？眼前還有一棵樹、有小孩子在跑步、那邊有兩個黑人、地上有一片枯葉、老婆幫我慶生……，舉凡你聽到、聞到、身體感覺到的，統統以便放進了短期記憶。

大腦會自動刪除在記憶體裡從來不曾被提取過的記憶，以便騰出空間，讓每天不斷發生的新的記憶進來。所以，你為什麼會記得某一天穿了哪一件衣服呢？一定是那一天對你來說是特別的，或者發生了什麼重要的事情，你之後曾持續的提取回想，這個記憶才能持續停留在記憶體裡。

我們常常與人分享一些生活趣事，這都會讓我們在短時間內忘不了，因為每聚會一次我們就會再一次提取這個記憶，**記憶被提取的次數越多，你就越不會忘記。**

原來，記憶會被自動刪除，這意味著遺忘是同步發生的。既然多數記憶會因為空間有限而忘光光，那麼我們當下痛苦到要死要活又是為什麼？難怪有人說，時間會沖淡一切，傷痛是可能被釋懷、被療癒的，除非你一再持續提取這個不變的傷痛。

長期記憶就是我們一直想、一直講，沒有打算忘掉那些記憶。大腦認為你真的很在意，既然這麼在意，它就自動把這個記憶挪到另一個沒有空間限制的地方存放，一旦成為你的長期記憶，你也不用刻意提取了，因為它已經成為了你的潛意識，你全身細胞裡都有這樣的記憶感受，無論好的不好的，就一直傳承複製下去了。

有位女性主管跑來找我，講到她小學時曾被爸爸打了一巴掌的事：「我痛恨死我爸了。」從她的眼神，可以知道她從沒停止過這個的記憶，逢人就講她爸爸打她，從小學講到大學，再繼續帶入職場，最後再進入婚姻。

事實上，她跟他父親的關係本來沒那麼糟糕的，但因為她全身的細胞已經完整將她的認知複製下去，只要是關於父親、父權、男性長輩，她的能量場就會產生化學變化。她可能都不知道為什麼她在職場與男主管這麼有距離感，甚至覺得主管對她特別冷漠、有距離，總覺得處處針對她。

那怎麼辦？

回到那一巴掌的當下，重新定義這個事件。

每一個當下經歷的事件，你是怎麼去定義它的？是美好還是恐懼？記憶牽引著我們成為現在的樣貌。

你還是覺得你每天在說、在做的事情，對你一點都沒有影響嗎？這影響可大了，因為你全身細胞，全身的能量場，已經如你所願的成為你想要的樣子，最後也吸引了相關的人、事、物出現在你的生命中，這一切全部都寫入你的 DNA 裡面了。最後，我們的能量場創造了眼前的真實性，再一次加深記憶，所有的考驗全都在內在，不是在外在。

為什麼有人那麼受人歡迎？有人這麼讓人排斥？有人看到人就笑，而有人天生就喜歡怒視他人，這些狀況絕不是第一次在你面前出現，對當事人來說應該已經是一個常態了。為你的短期記憶增加一些美好的回憶，去改變你的意念，就能重新定義記憶，最後改變自己的能量場。

身體力行能讓 DNA 複寫，重新體驗生命、改變生命。

有個學生，只要我有開課、公開演講，她絕不缺席。她只是默默的來上課，又悄悄的離開，持續跟著我將近五年。

有一次我主動跑去問她上課上得如何，有什麼心得嗎？她覺得很棒，每次只要來上課就會舒服很多。我看著她桌上的筆記，寫得密密麻麻的，我笑著跟她說：「去身體力行吧。」

「身體力行？所以我每堂必到啊，幾乎不蹺課的。」

「哈哈，妳還是沒有懂我的意思，身體力行的意思除了讓你走入教室之外，更重要的是走入人群，也就是分享。妳看看妳周圍這些來上課的學弟妹，有剛來的，有一、兩年的，他們從一開始哭喪的臉，到現在，短短的時間，每個人都變得開心快樂了。為什麼他們進步得這麼快？因為他們總是把所學與人分享，分享的過程就是再一次的提取記憶，我們才能為自己創造美好。」

我繼續解釋：「我看妳在這邊上課好多年了，妳身邊的朋友應該都不知妳來這邊學習，可能連妳公司最熟悉的同事，都不知道妳下班趕著離開是要來上課吧？妳只是一直來上課，上了課，讓自己煩躁的情緒稍稍得以平復，可是回到家庭、職場，妳就會回到原本的模樣。為什麼？就差了那麼一點點——身體力行。去給予他人妳這些年在課程中學到的，如何轉念、如何面對關係、如何與自己對話，妳才會知道，原來妳所學到的，是會讓周圍的人光聽到就感到亢奮震撼。這樣的互動會讓妳變得很不一樣，妳才算是開始體驗生命。

「不是要妳去推銷我，妳懂我從不搞偶像崇拜那一套，我要你們每一個學生都學會真心的給予，送出祝福，這過程才會讓妳不斷提取在課堂中學習到的美好啊。如果我們沒去練習持續的提取，上課時的感受終有一天會被新的記憶取代，意味著我們終將遺忘上課時的感受，多可惜啊！

「妳剛剛說妳對電流、DNA、面對恐懼、情緒困擾及五感比較有感覺，那就跟人家分享妳學到的這些知識，把這些知識帶入妳的生活，只要妳願意開口，妳的生命就改變了。我們身上的細胞是帶電的，妳的能量場就是這樣來的，一旦妳講了無數次之後，就變成妳的長期記憶，只因為身體力行，我們將 DNA 的環境都改變了。」

我一個朋友在下午茶沒結束就匆忙離去，我們大夥問她怎麼趕著離開呢？她說晚上還有約，不跟大家多聊了。隔了大半年，才知道她去上紅酒的課程。這就跟我剛剛描述的那位學生一樣，上課就上課，沒想過要把上課的東西套用在自己的身上，變成自己的東西。多數上課的學生，上課期間絕對是興致最高昂的時候，但這些人一如以往平靜，不知道是難以啟齒還是覺得學習了這些知識很丟臉，就算身邊朋友主動問起趕著去哪裡，很多人都會回答有事、跟人約了。

這就是自己對生活的態度，我們沒有打算把自己對於生命的熱愛呈現在生活上，就算面對最熟悉的親朋好友，縱使有人問了，也覺得沒有必要講。這樣的能量場沒有共振、沒有交流，所以無法與人產生良性的對話與互動，我們自然體驗不到生命的美好。少了這個體驗，我們不會有真實性發生，就差這麼一步。

分享的過程就是再一次提取，**好多人到處去上課，上了好多課，上完就結束了，好像也沒有太大的感覺或效果，因為沒有提取，我們的記憶裡就留不住這些美好。**對我來說，這才是真正浪費錢、浪費時間。

你去上了紅酒的課程，怎麼會沒想過與我們大家分享呢？好的、不好的都可以啊！紅酒對人的好處是什麼？紅酒該怎麼倒才對？要怎麼喝才對？喝紅酒的禮儀又是什麼？你講一百次，最後你自己才會當一回事。你的生命因為你的身體力行，改變了你身體內的 DNA 結構，你的性格也將跟著轉變，你會發現，內心的力量早已不可同日而語，能量場已經和過去的你不一樣了。

一個持續慢跑十年，跟一個持續與人分享慢跑兩年的人，那狀態是完全不一樣的。持續慢跑十年的人，就像持續來上課的人一樣，不會擁有太強大的真實性，無法達到體驗生命的層次。但是只慢跑兩年的人，持續每天與人對話，分享他慢跑的點點滴滴，在過程中遇到的人、事、物，以及他怎麼看待慢跑這件事情。大家不斷跟他產生共振與互動，會開始有人請教他、認同他、祝福他，此刻就是他正在體驗生命的時候，只有體驗過，你會知道生命是如何帶來神奇的改變，你的內心力量將會變得強大。

我們不只是垃圾人，還人人一台堆糞車。

眾生剛強難度，習氣太重，要考驗一個人多容易，能撐過百日還是狀態一致的人少之又少。我看過太多信誓旦旦的神情，但百日過後，這些人的眼神早已恍惚，才百日啊。

我們就這樣背了習氣在生活，習氣不斷出現在你的臉上、嘴上、眉宇眼神之間，全都透露著貪、嗔、癡、慢、疑的毒素，這些長年積累的毒素，就像大便一樣，我們的內心不只被垃圾給掩埋了，還人人一台堆糞車。

當你遇到下一個朋友、下一份工作、下一個情人、下一個環境，或者下一段新的關係，請你一定要告訴他：「**嗨，你好，我後面背著的是我的大便，請你不要理會它，就當作沒看到就好。**」你就這樣背著自己的習氣，這一台堆糞車惡臭難聞，你依然與它形影不離，乾脆就睡在堆糞車上了。

我們全都習以為常，沒有人想要去改變這樣的情況。你碰到每一個人，永遠都是：「你好，很高興認識你。」「咦？你後面那一台車是什麼？」「喔！後面那一台是我的堆糞車，就跟你後面那一台一樣啊。」

兩人相視而笑，繼續聊天，最後吵架了，分手了，恨死對方了，這輩子再也不想再見到他！我們把所有五毒往堆糞車上一丟，過兩天後，彷彿這些事情都沒發生過似的了。「你好，很高興認識你，我目前正從事什麼工作，我希望我的人生可以不一樣，我對於我的工作有十足的熱情，對未來更是充滿了信心。喔，對了，後面那台是我的從小到大的大便，請你不用去理會它。」

我們只要遇到討人厭的事情，就是往後面的堆糞車丟，我們拉著堆糞車過生活，也都知道堆糞車的存在，但就是不想去擺脫它，因為沒有堆糞車，自己創造出來的大便要往哪丟啊？我們總是在人前展現黃金微笑曲線，假的啊！真正的習氣與潛意識，全都在那又長又臭又令人噁心的堆糞車上，請回頭正視它的存在，或者好好聞聞自己身上到底是什麼味道，令人作嘔。

很多人很喜歡開口閉口的跟人講解這些大便是怎麼造成的，很顯然的，你並不想忘掉這些不愉快。所以我們只能讓自己越來越不開心，不懂為什麼永遠都會遇到這些鳥事，蒼蠅蚊子一直來。我們推著堆糞車，全身都是大便味，卻希望自己清香宜人、好事連連、一覺到天亮！

在團體間，好像一定會有那麼一兩個人，隨時可以感受到他們身上散發出的五毒惡臭，這些人的攻擊力道太強，臭味太重了。請試著先從自己的短期記憶區塊開始消毒淨化，讓新的記憶進來，並重新定義這些記憶，不要習慣性的又讓這些記憶成為堆糞車的最愛，想要有美好的記憶，就要為自己創造美好的真實感受。

我們可以開始多些感恩，真心懺悔，不是嘴上竭盡所能說的那些，若沒有身體力行，真實性不會出現，沒有真實性大腦如何當真？把感恩與懺悔落實在每一段關係裡，不時問問自己，一定還能找出需要改進的地方。面對自己最難，這一關過了，內心強大的力量就會油然而生。

去面對你的父母、老公、老婆、主管、同事，甚至你的小孩，真心感恩身邊的人並祝福他們。你有多真心，大腦就有多當真，你的內心就會多強大，若沒有真心，只是再一次淪為空談。我們必須積極創造這些畫面，才能脫離堆糞車。每天罵人、詛咒他人、不禮讓他人、不利益他人，爭名奪利、你死我活，這些都是堆糞車裡最真實的養分。

許多做業務的朋友，每天早上起床就先給自己一陣精神喊話，喊著：「這是多麼美好的一天啊！我現在好的不得了！」卻越喊越心虛，這都不是真實性的意義。**真實性是走入人群，與人發生關係，**

才會產生影響力。獲得一件成交的案件，你就能體會到真實性為你帶來前所未有的強大力量，否則，萌生退意是遲早的事情。

老師責罵你昨天沒留下來打掃教室、老闆數落你最近上班都在玩手機……，不要活在他人的期待裡，最後死在他人的嘴裡。遇到這些挫折不要急著去表達、去反應，我們就是太害怕被貼上標籤，內心都太過脆弱。當一個信號來到你的眼前，你還不知道對方到底想要表達什麼的話，就不要隨之起舞，「是喔！」「這樣啊！」最多這樣反應就好。尤其是遇到負面的評價，我們往往不自覺的就急著跳了起來，這一跳就讓自己跳入情緒的黑洞了。不過是兩、三秒的對話，卻要花上數天、數月的時間才讓自己稍稍平復，代價真的太大了。

感恩是五毒的天敵，能讓人重啟強大的能量場。

感恩的能量很高，可以消弭、化解心中的五毒，試著把感恩的門檻降到最低，學會感恩與送出祝福。這真的太重要了，想想看你的生活環境、家庭、職場、朋友圈，有多少人在談這一區塊？從自身開始帶頭做起吧！

如果你現在無法感恩或祝福某一個人，至少不要再去批判他、詛咒他、不去恨他，就先把他擱著吧。生命的修練是一步一步向前的，總有一天你能自在，看見喜悅，強迫只會得到反效果，讓你的內心受到傷害。

有一次我和同學們聚餐，席間聊到工作上的狀況，有人說他好想離職，覺得這家公司爛透了，主管更是令他無言以對。

我當時本來想對他說：「其實感恩是一個很棒的心境與心理狀態。」但當下他哪有辦法聽進去，如果是一般沒有在生活中多加練習自我覺察的人，是沒有辦法和情緒和平相處的，他們不會知道自己已經中毒，生活也根本離不開堆糞車及滿坑的垃圾。

探索自己內心世界的工程，本來就比探索浩瀚無垠的宇宙來得浩大。後來我跟這位同學說：「生活中有很多讓我們心煩意亂的事情，我也會有這樣的時刻，在那個時候，只要意識到自己情緒上來了，去看見自己的狀態即可。不要再繼續思考，因為那個思考者根本不是我們，不能代表我們全部。」

我很訝異的是，我同學在大企業工作，也是一位高知識分子，這十多年的職場生活裡，對於探索自己竟毫無涉獵，他們的工作環境完全沒有這些語言，他問我：「覺察是什麼意思？好像有聽過。什麼叫作我不是那個思考者？不然我是誰？」一群人大笑的看著我，他們以為我中邪了。

我也笑了，這個社會有一群比我想像中還要高的比例的人，對於這些概念、說法、文字是相當陌生的。他們所有的時間都在工作，都為了生存，不知道原來探索自己是需要花時間，不知道「自己」是需要好好瞭解的，終其一生不知道什麼叫愛自己，所以他們的內心收不到真正的愛。這樣的人要怎麼去感恩？他們要如何送出祝福？他們早已被五毒全面占領，最後用他們的方式繼續教育下一代。

請覺察你自己，請關照你自己，讓自己完全臨在，最後才能覺醒。我們似懂非懂，也不知道覺察、關照、臨在跟覺醒到底是什麼意思，大概就是好好反省自己，看看自己到底在幹什麼之類的吧。

覺察

我之前提過，覺察可以透過臉部、語調跟姿態，所以，覺察的意思就是，你去想像一下自己的眼睛、身體、語調。很多人是連覺察都做不到的，覺察是主動的、刻意的，它帶有想像的意味，如果你沒有辦法想像你的臉、你的身體或你自己的聲音，那麼就試著站在鏡子前面，好好的看著自己。你喜歡自己那樣的表情跟肢體動作嗎？想想看你在跟人起爭執，或某些事件讓你感覺不順心的時候，假設旁邊就有一面鏡子，此刻鏡子裡出現的是你喜歡的樣貌嗎？這就是覺察。

觀照

聽過「靈魂出竅」嗎？那是什麼意思？就是靈魂跑出身體了。就好像我身體在這裡，可是我好像跑到我的身體外面，站在身體旁邊或某處，我竟然可以看著我的身體在幹什麼，這真是太神奇了。我可能正在靜坐、在睡覺，正在手足舞蹈的跟人講話，或者我正在計畫盤算著一件很棒（也可能很不好）的事。

總之，在靈魂出竅的狀況下，你將自己看得清清楚楚，以如此超然的態度、客觀中立、了然於心的狀態，看著這一個人。這個人其實就是你，你們兩個是同一個人，只是你終於有那麼一個片刻可以跳出身體之外，可以好好的、仔細的觀察他了，而他，就是你一直以為是你自己的那位思考者。在你靈魂出竅的那一剎那，那位思考者到底說了什麼、做了什麼，你好像突然間全都明白了，但是沒多久，你消失在這個空間裡，你好像又失憶了。

人在專注的時候，才會出現觀照的狀態。你完全不用動腦，專注的時候，你好像看到自己在書桌前寫著公司的年度計畫。當專注的時候，身上的能量場所帶出來的頻率波長已經不一樣了，一旦能量場改變，我們的狀態也會自動切換模式，能量將帶領我們進入另一種狀態，身體則繼續停留在這個時空中。能量會自動取代腦袋，並且不會受到腦袋的干擾，那過程很舒服，會讓我們暫停所有的妄念，彷彿是一種真空狀態，不帶目的性、不用刻意渲染，就是全程專注給予心中想要給的。這時不會受到五毒侵蝕，再回神，那位思考者已經將所有事情做對，也做好了。

觀照是從外看內，是「定」的極致，**專注做一件事情，能量場就會打開**，四處流竄，觀看全身，觀照就會發生。

然而，外在世界的刺激入侵能量場，例如撞門聲、笑聲等等，我們會瞬間回到當下的狀態。若能學會如何持續觀照自己，進入一個沒有干擾的狀態，就能讓心越來越靜，慢慢的與內心的頻率連結，這都需要透過不斷練習的。

臨在

我就在這個地方。但我是誰？我就是大我，摒除用小我思維去看世界，一旦你用小我的概念去思考有形世界，你就選擇了透過物質來了解，這會讓自己停留在一個狹隘的空間，沒有辦法快速、自在的遊走。當你用大我的模式看待這個大千世界，「我」就能隨時隨地出現在任何地方，你能感受到每一個人，我笑就是你笑，你笑就是我笑，眼前的一切都是我，我彷彿就在任何地方。不論你在哪裡，你都可以在任何地方，不受時間、空間的影響，無所不在了。

覺醒

每個人都會有覺醒的時刻，在那個當下，你會頓悟並感受到某些人事物背後的含意。例如你竟然感受到對方所經歷的一切，明白了老天爺的慈悲、父母親的用心良苦、老公或老婆的一路陪伴。那是一種由內再往內看的概念，明白人間的喜怒哀樂、前因後果，終於知道了，這一件事情要發生，一定得發生另一件事情，而這另一件事情要發生，必須要再先發生另一件事情。最後，你會看到這件事情最源頭、最早發生的樣貌，瞭解了整個事件為何會走到這裡。你看懂了，感受到愛，這就是覺醒。

當我們明白了一連串的因果，會看到自己做了多少錯事。是我們自己讓事情一步一步走到這裡的，於是我們會開始懺悔並學會感恩，才會知道自己是如此的幸福。當一個人覺醒了之後，他已能勇敢的面對自己過去的錯誤，事件背後相關連的一切，像骨牌效應般的一直湧現，環環相扣，你親自感受了這些痛苦，面對就是無上的勇氣，從此不再感到害怕，你會開始彌補，內心更顯平靜。你會知道不是這件事的問題，而是另一件事情所引起，最後回到自己身上，都是自己的問題。

覺醒的人，不再感到恐懼，只會想要趕緊回家，會想好好的看看父母親或身邊摯愛的老公、老婆，想跟他們說聲謝謝，想擁抱他們，真心的感恩他們，謝謝他們總是無私的包容。每一個當下，我們都能夠獲得覺醒的時刻，在生活中、職場上、人際互動、家庭、事業、親子關係，至此我們才會真的明白自己哪裡出了問題。

動力是選擇來的，是自己選擇了要不要有動力。

你是一個能夠約束自己的人嗎？你有沒有辦法一睜開眼睛就忠於自己呢？你會不會醒來又顛覆了自己的選擇？你到底在追求什麼樣的夢想？不會再一次說說而已吧！

你只要看看那些駐足街頭等待紅綠燈的人，他們多數的日子就是這樣一天過一天，一年過一年，難道他們不想讓自己的人生有些作為嗎？如果你真的想要追求成功，你必須每一天睜開眼都能忠於自我、追求自己的夢想，不斷鞭策自我往下一階段的成就邁進。

為何還不行動？明明已經決定了，卻總是不行動，到底問題出在哪裡？如果沒有明確的動力你會很鬆散，空空洞洞的，你不會相信你嘴上所說的一切，最後又回到老樣子。

這種人最常為自己沒有行動力開脫的說詞都是：「為什麼我都沒有動力呢？」但是，**動力並不是一個人的人格特質，動力是取決於「做與不做」，也就是動力是一種選擇，動力是選擇出來的，**「沒有動力」都是為自己脫罪的藉口，其實就是選擇了讓自己沒有動力去完成某件事情。

在多數人眼中，那些具有強大動力的人確實非常與眾不同，我們很羨慕他們的幸運，但這些幸運是他們主動選擇來的。

一個隨時在作選擇的人，他們選擇了讓自己的生活有真實性，所以他成功了，既具有影響力又受人歡迎，還能享受好的生活品質。你還要哀怨，想著為何他可以如此幸運嗎？因為他去做了，他去執行了！一切都是他選擇了行動力的結果，原則就是這麼簡單而已。為什麼我們會感到充滿動力，是因為我們選擇如此，而不是剛好碰到貴人提拔或者是吉人天相、福星高照，就算是，也是他自己創造出來的。

動力不是偶然發生的，但也不要想著一步登天。除了有強大的企圖心之外，真實性是一個很重要的關鍵指標。我常常聽到很多人開心的跟我描述他們的人生規畫或目標，他告訴我：「今年一定要年薪千萬！」你看，是不是很有企圖心？可是他忘了，還有一個叫作真實性的東西，在真實的世界裡，這才是大腦會去相信，然後身上的能量場才來帶動美夢成真的關鍵因素。

我問他：「你現在的工作是什麼？你現在一個月收入是多少？」

人因夢想而偉大，這是一件很熱血的事情，但你的大腦就是不當一回事，你怎麼辦？如果在潛意識中，你全身細胞裡的 DNA 都不當一回事，連超過你身體一億倍的能量場都不相信，你要強大給誰看？夢想就是我們最喜歡喊的口號，我們最喜歡打著夢想的招牌，到處去招惹身邊的人。企圖心還得搭配眼前的真實性，循序漸進，才能真正看到效果；看起來最慢，其實是最快的，看起來最少，其實是最多的。

小學一年級的小朋友說他以後要念博士，這的確很令大家欣慰與開心，實在是一個具有強大企圖心的孩子，可是眼前真實的情況是，他不寫作業、喜歡打電動甚至不想去上學，而且學校的考試一塌糊塗。他唯一該做的事情，就是從這一次的考試開始考好，做出這個選擇，獲得最容易且最簡單的真實性，一旦讓大腦的眼睛為之一亮，你才能開始感受到，身體力行真的會讓事情不斷改變。只要一個簡單的真實發生，就能讓我們獲得自信，從此展開不同的生命脈絡。

企圖心與真實性必須同時發生，才會讓你全身能量場開始起作用，才會帶動你眼前的實相。不然我們喊了一輩子的口號，你還是相對無感。

我看到太多的人看似很有企圖心，整天衝衝衝，說著極具渲染力的激勵式成功學語言。這一群人每天都告訴自己一定要站在顛峰、要寫下傳奇，但為什麼沒多久你就會看到，他們又回到原點，委靡不振了？因為沒有人告訴他關於真實性的概念，夢想永遠是最美的，可是跌下來，往往一蹶不起。

我們常會訂下許多目標，可是真實性是怎麼樣的情況？大腦根本懶得理你每天聲嘶力竭、喊來喊去的自我欺騙，你的真實情況大腦難道還不清楚嗎？我們總是自欺欺人，幻想著有個目標讓自己攀上顛峰，可是你的能量場沒辦法幫你完成這些目標，你根本騙不過你的大腦，你的內心世界沒辦法給予你強大的力量，支撐你完成嘴上說的這些目標。

一個月賺五千元的大學生，現在說想要賺五千萬，這是多麼美好的夢想，多麼熱血，多麼有企圖心。類似這樣的年輕人滿街都是。一堆人全都為了這個五千萬的夢想義無反顧的拚了，**但想要獲得真實性，背後涵蓋的意義——也就是能量場、潛意識、細胞與 DNA 的科學基礎——這一個最主要的致勝關鍵，卻沒人去探討、了解。**人人都想人定勝天，卻往往事與願違，我們不知道到底是哪裡出了錯，說穿了，就是在骨子裡，連自己不相信自己可以。因此，我們的能量場帶頭作亂，但這是意識層面無法理解的。

現階段，你可以賺取五千元，所以你的大腦能夠接受到的就是這樣的規模。面對並坦承自己真實的狀態，接受自己能力的限制，不要被外在世界的貪婪者騙得團團轉。有沒有想過，賺五千元的學生可以賺一萬元，不偷不搶，真材實料，多賺一倍就是一個傳奇，就值得被讚揚鼓勵了。可是我們全都中了毒，好高騖遠，一心想要五千萬，最後連一萬都賺不到。

只要能夠從五千變成一萬，就能令全身能量亢奮，細胞全都活躍了起來，這時你全身的能量場已經啟動了某種頻率，生命才可能向更寬廣的觸角延伸。當你的大腦開始把這當一回事，你的內心世界才會真正相信，接下來的目標將會一一發生、實現。

專注在你選擇的事件上，讓自己百分之百處在那個狀態，極度IN的狀態。當我們的企圖心已經將動力展現出來，這時還要搭配眼前的真實性，**不要老是拿一些經典傳奇的成功故事框在自己身上，或拿去框住其他人，那都是五毒帶來的亂象，迷惑了我們的五感**。我們總喜歡訂立一些不切實際、華而不實的目標，只談企圖心卻不理會真實性，最後還要用一些「沒有不可能，只有不願意」之類的鬼話，來激勵自己、蒙騙自己、欺騙他人。喝下一碗又一碗有毒的雞湯，毒死自己也毒死那些相信我們的人。

我們身邊就有一堆這樣的朋友，想錢想瘋了，什麼招式、什麼機會都想嘗試，他們大談夢想與財富，只想把你的企圖心頂到最高點。**這些人真是不夠仁慈，他們身上全是毒，只在意是不是有本事影響你、說服你，卻沒想過你的心理狀態是否承受得起。**他們好自私，永遠只想到自己，不管他人死活。我們還以為處在一個「有愛」的環境裡，其實這些朋友，就是對自己最「有礙」的。

有一位在北非摩洛哥的年輕人寫信給我。

「老師您好！我因為工作的關係被派到摩洛哥，才不到半年，就讓我全身無力。不知道是不是得了憂鬱症，我完全沒有企圖心，我在想是不是該回台灣或者去其他的公司？有什麼方法可以讓我找回過去對工作的動力嗎？」

「動力是選擇來的。身體力行，進入你的工作，心境轉變，你會發現不一樣。」

「有啊！雖然這裡只有我一個人，但半年多來我還是天天進公司，我不會給自己找理由或藉口，畢竟這是我所選擇的工作，我必須負起責任。」

「那很棒啊！不過，這還不是你的生活目標，上班不遲到早退意味著規律的生活，很多職場上的朋友以為到了公司上班就有了目標，可是最後又被這種安穩的打卡、每月等著領薪水的生活給迷惑了，似乎忘了當初到底要來幹嘛的。」

「對啊，我當初會來摩洛哥，就是因為在這裡待了三年之後，回到台灣，就有機會當上全公司最年輕的副總經理，可以掌管全大中華地區的業務。這就是我在職涯上的規畫。」

「這聽起來真令人振奮。如果工作只是上班、下班，根本談不上企圖心，目標只能遠離。很開心你有這樣的企圖心與渴望。至於在你們公司，用三年的時間當上副總經理，這是有可能的，是嗎？」

「是，是有機會的，只要我在這邊的工作能夠如預期的完成，就沒問題。」

「嗯，很棒，值得期待。三年的時間對我來講太久了，會磨掉一個人的企圖心，何不規畫一下這一個月的目標呢？」

「這一個月的目標？我們公司是做工程的，一般進度都是數個月才能看見明顯的進展。」

「你何不試試把三年的工程進度，改成每個月的小小代表作呢？你所不以為意的進展，其實就可以是一個代表作，那才是真正可以讓你前進的力量，那才是真正的真實性。如果你能夠每個月都累積真實的代表作，我先不跟你說原因了，但我保證，你這三年的工程進度肯定會提早完成！」

「我的天啊，我從來沒有想過月月拿出代表作這樣的概念，這讓我眼前很有畫面，我突然知道我此時此刻要做些什麼了。我的企圖心又跑出來了，我迫不及待要去執行某些尚未完成的事項，而且我有把握讓手上某些事情在這個月完成。老師，謝謝您，不知道為什麼，我現在又充滿能量了，這真的是太神奇了。」

其實最神奇的不是他充滿能量這件事，而是這位我素昧平生、不曾謀面的朋友，他寫信告訴我說，當初一聽到這個月要交出代表作的時候，確實腦袋一片空白，整個當機，但他聽進去了。原本三年的工程進度，真的只花了兩年又四個月就完成了，這實在是太驚人了。他現在人在上海，已經是一家跨國公司的營運副總經理，他才二十八歲，真是年輕有為。

謝謝你願意相信我，聽話照做。你可能都不清楚，所有的發生都來自於簡單相信，能量場會幫你完成所有的事情。

這就是真實性帶動了能量場、能量場再帶動為你創造了另一個真實性，**前進就會帶來力量，速度還會越來越快**。最慢，就是最快；最小，就是最大。

這就是讓內心力量強大的祕密，真實性大於一切。

☑ 目標設定，啟動成功密碼。

真實性必須從時間最短、最有把握的開始。

有一次，我看到一個學生拿了彩色筆製作海報，又是豪宅、又是跑車，還有好多金銀珠寶。我說：「你好有才華喔，這麼會設計，這麼會畫畫。」她說她去上了一個很棒的成長課程，收穫很大，而這就是上週的作業。她說，所有的學生，全都是為了要實現夢想才去報名上課的。

成長課程無非就是要讓大家可以完成夢想，所以老師在上課第一週就告訴大家：「人因夢想而偉大。」要他們盡其所能地寫出心中的夢想，老師強調：「人生就是要敢作夢，我會協助你們完成所有人的夢想。」

我鼓勵她：「那妳要認真想想，妳的夢想是什麼喔！」

我沒有當下潑她冷水，我實在沒有辦法在她興致高昂的時候告訴她：「傻瓜，這是不會實現的。」這樣的手法跟內容，要怎麼夢想成真？如何才能目標達成？內在不調整，外在是無法顯化實現的。

雖然如此，我還是祝福她，多學習總是件好事。

我這十多年在世界各地培訓了上萬名的業務同仁，他們長期受訓要設定目標，一年又一年，一次又一次。大家對於這樣的功課、活動、課程，都流於形式，我從他們的眼神中，看不到任何期待，完全沒有真實性。目標列完了、課程結束了，人生還不是一樣得繼續啊。有個主管課後跟我說：「我來公司十多年了，哪一年不是這樣子寫，哪一堂課不是這樣子教，哪個老師不是這樣子帶，但到底有多少人完成了？」連他自己都有沒完成。

然後呢？最可怕的是，沒有然後。然後就是一連串的盯業績、追蹤，最後該陣亡的陣亡，不然就是開始替自己想辦法、找理由，或者逃避不參加會議、人間蒸發、不聞不問。

誰不希望所有的目標統統達成，但我們太習慣又多、又好、又大、又快的目標，最後的結果總是又少、又差、又小、又慢。我們會去檢討哪個環節、流程、部門或哪個人出了問題，可從來沒有人會把自己列入該被檢討的最主要原因。

關於目標設定，有一個相當重要的原則，就是一定要讓大腦相信，才能連結到全身的能量場。

如果你的大腦完全不相信這件事情，你所有的努力，只會成為再一次理所當然的不相信。

漫無目的、漫天撒謊的發散，你很認真為了目標在構思著，但其實你完全沒有聚焦專注，因為你內心知道這根本不可能。聚焦專注，將為你帶來不可思議的影響。為自己創造真實性，從最短、最快、最有把握的部分開始，多加練習，一週一週來，你再看看，一個月後，或三個月後，你自己怎麼看待眼前發生的真實？

如果我讓你把目標計畫帶回家寫，慢慢寫，下週交、明天交，你看看這一班人會怎麼寫。他們確實會開始認真寫，寫得長篇大論，寫得十全十美，把所有預期的美好，把這輩子該做的功課、該修練的那些不完美，一古腦兒急著要在這一次目標中完成。

我們把生命中的每一個人，甚至連家裡的寵物都寫進來，真的太看得起自己的能耐了，或者說，太小看身上可怕的習氣了。你的堆糞車還在身旁，還有內心滿山滿谷的垃圾掩埋場都還沒去處理，這才是實情。在沒有掃毒之前，總以為自己健健康康，沒有任何問題，但為何最後我們的人生跑不動？全中毒了！

沒有經過整枝修剪的果樹，等不到結實纍纍的大豐收。

前一陣子我去了大陸，有一位台商企業家跑來找我問事情。他興高采烈說著他現在所從事的工作，以及即將要執行的項目，他感覺人生終於要開始變彩色了，他說：「你都不知道，我熬了十多年，就等這一次了。」

我知道這些離鄉背井的人，都是懷著許多夢想，背後的辛酸更是不為人知。但是為什麼可以走到這一步？如果沒有改變你的思維，這一次只會跟過去的每一次一樣重複發生。

我問了這位企業家，今年的目標是什麼？他開始長篇大論講了一大串，每一個手上的項目都令人嚮往，最後我請他重新思考一下，然後我只給他一分鐘讓他再說一次。他這一分鐘的內容簡單許多，不再漫無目的的延伸再延伸，他從浩瀚無垠的宇宙中回到了現實，因為他只有一分鐘。

讓自己在最短的時間內，做出一個只要你努力就可以完成的事情，不要管事情的大小如何，重點是你去執行、完成了。或許這小小的事情根本不足以放在心上，可是至少你做了，這樣，你的能量場會開始啟動某些連結，這是你不知道，但確實是如此的。

我對著這位企業家說，你現在只有一分鐘可以講出你的目標，所以你現在好好想一想，想完了慢慢講出來。這位企業家被我這突如其來的說法給弄傻了。因為這一分鐘的限制，他的腦袋在傻去之前，已經開始自動刪除某些目標。每個人都有自己的一套輕重緩急，因為只有一分鐘，所以該丟的、該切割的，都得放棄，留下最重要跟最急切的。

只要我們專注在思考某件事情，我們的意念波就會開始作用。而當我們只有一分鐘可以說出或寫出目標時，那更是全神貫注。你會知道原來這一分鐘的目標，才是我們所能理解的最重要的。

你今年的目標到底是什麼？我們騙自己畫了一個大餅，長期以來，我們高估了自己的能力，低估了能夠抗拒誘惑的能力，中了毒又不會自行解毒，所以計畫趕不上變化，成果只能一拖再拖，最後自己變節，再一次背叛自己。

現在，再繼續往下閱讀前，我希望你能好好想想，你只能用一分鐘回答這個問題，你今年的目標是什麼？這時你腦袋閃過的目標是什麼？因為你知道只有一分鐘，所以不可能去想一些不重要、沒意義的，記住你腦袋裡那個畫面，盯緊那個目標，我希望你能完成目標，拿出你的代表作，圓滿達成。

我在一開始就說了，這是一本以人生目標為導向的書，策略方法坊間到處都有，那些也不是我的核心理念，所以我花了九成的篇幅教導大家，明白內在世界的問題。不處理你的內在，外在的一切都只是曇花一現，就算你用了某些方法實現了目標，那也是短暫的。

你眼前的所作所為若沒有真實性，大腦就不會去認同，不認同，能量場就不會繼續朝你想要的方向運作下去。所以，好好想想你接下來的這一週或這一個月，到底想要完成什麼目標？最有效的辦法是動筆把它寫下來，並為這些目標押上完成時間，例如「2018/03/31」，若是跟金額有關，那把數字也一併寫上去，例如「新台幣一百萬」。寫出來的用意是，再一次讓你的大腦相信你真的認真看待這件事，光是你願意拿起筆寫下來，這件事情的真實性，就足以讓能量場相信你對目標的看重程度了。

把你的目標轉向用能量場的概念去幫助你執行完成，**你只要在你指定的時間內，持續專注在目標上就好，不要一直想著會不會出問題、擔心自己做不到。我們都要邊做邊學習，而不是邊做邊懷疑。**

只有一分鐘怎麼寫得出來？連思考都來不及。沒錯，就是不要你用腦袋思考。請你相信自己，當你拿起筆要寫目標的時候，你就寫得出來了。很神奇的，你只有一分鐘，在這短促的時間內，你會自動寫出你認為最重要的事，時間緊迫，你的大腦會自動刪除、篩選某些東西，因為大腦知道它只有一分鐘可以寫。你會訝異你竟然寫出了這些目標，某些你剛剛嘴上說的那些其他的一千零一個多麼重要的目標，竟然在這一分鐘的時間裡，全數被你刪除了。

我們都知道，栽培樹木必須注意整枝修剪，以調節生長、控制樹勢，減少養分的虛耗，才能有較高的產量、較優的品質與較長的結果期。不適當的枝葉不僅減少日照、阻礙通風，還會與其他適當的枝葉競爭養分與空間，不但妨礙生長，甚至會因自身的衰弱而導致病蟲害的感染，進而影響其他枝葉或果實，因而必須予以控制或剪除。

對每一個果農來說，時間一到就得整枝修剪，這太重要了，事關果樹是否能夠豐收，不割愛，整棵果樹可能都賠了出去。

我們的目標設定何嘗不是如此，不懂得割愛，這個也要，那個也要，能量被那些對我們沒幫助甚至有害的目標給蠶食了，你最期待的甜美果實永遠都不會來。

你投入最多的時間做什麼，那就是你的狀態。

接下來，我們即將為自己創造一個在最短時間內完成的真實性事件，請不要寫出一個自我感覺良好的小情小愛，當然也不要寫得很誇張，不要寫些你自己都很清楚做不到的事，好好評估你的能力，試著展現你的企圖心，信誓旦旦，腳踏實地達成這個史上最短期的目標。

假設你設定的目標時間是這一年，因為只有一分鐘可寫，能夠寫出來的極為有限，不要貪心，如果這一年你能完成這一兩件事情，已經很優秀了。

現在，請你放下這本書，只要花一分鐘的時間，投入極度 IN 的狀態，認真去寫，去感受你寫的當下，你在思考目標的同時，所進入的另一個能量頻率，只要專注寫出你的目標就好。

你不用去應付誰，就是投入這個寫的過程。你可能不知道你身上的神經元，已經獲得來自於你腦中的意念波，發送至你的能量場並開始運作了。因為你有了這些關於「我們是能量而不是物質」

的概念，這樣的意念就已經透過你的能量場運作、執行了。雖然還沒開始去執行它，卻已讓你熱血沸騰，你會強烈感覺到這個目標就要實現了。

當你下筆寫出這些目標時，你告訴自己，這就是我謹慎思考、過濾後的選擇，所以目標會變得相對簡單而清楚，「我」自然會去完成它。你在寫的同時，好好感受企圖心為你帶來的心跳。我不知道你最後寫了什麼，你不用交卷、不用分組、更不用與人分享，你唯一要做的，就是專注寫下目標，持續在這樣的狀態即可。

在團體活動或成長團體裡，只要一分組，人就會不自覺的戴上面具，有人就會開始講一些噁心、言不由衷的場面話？那些都是講來給自己爽的。不用分組、不要去應付這些課程的心智活動，不用管前後左右坐了什麼人，只有你自己一個人，我們只為自己負責任。

想一下，你寫下的目標，在你設定的時間內有可能完成嗎？一個業務同仁年薪五十萬，他寫下要賺一千萬，對我來說，這樣的目標真是有點困難，那是來亂的，因為連你自己都不相信可以做到，不是你不能賺一千萬，而是你現在的環境與狀態沒有辦法達成。但如果你寫上一、兩百萬，在專注聚焦的情況下，那就是值得期待的目標了。我們才能創造出真實性，能量場會帶領我們快速攀爬上我們想要的物質世界，你以為這樣最慢，最終你才會發現，這才是最快的。

有些人花了三天寫了精美的目標，我笑了，那不會實現的！你問問當事人，他這樣寫目標寫了幾年了，通常這樣的人不僅沒有買房、買車，賣房、賣車的倒是不少。說實在話，人生除了思考、思考，還是思考，但有多少機會可以為了夢想、為了目標，專注寫出一分鐘的目標呢？當你認真寫的時候，你的 DNA 就會接受到這樣的信號，只要持續在專注的狀態，就會完成這樣的複製，你身上的細胞只會一代比一代強，只要你專注，那些能量就會出來。

為什麼我專注的想了、寫了，可是目標還是沒有達成呢？狀態不對。關於專注，專注講的就是你的狀態對嗎？狀態不對，就不會是專注的樣貌。如何判別一個人是不是在對的狀態內？以下兩個因素一定要參考進來：

1、投入的密度。

2、他人的感受。

自己本身的投入密度不紮實，他人也感受不到你決心在做某件事情，這意味著我們的狀態不對，表示我們還是不夠當一回事，目標就很難達成。如果我們目標達成的記憶次數太少了，那麼在潛意識裡、能量場都會知道你只是說說寫寫而已。

請你把剛剛寫的目標，再重新思考一次，既然做了這個選擇，但你最後決定為這樣的目標投入多少密度？在你訂立的時間內，你要投入多少工作量？你說你要賺一千萬，可是你所投入的密度竟讓人想發笑，你要怎麼期待這樣的發生？狀態根本不對。

再者，你自己覺得很投入了，可是他人感受不到。你覺得自己很認真在做業務了，而且從來沒這麼認真過，如果你去問問身邊對你最熟悉的朋友，他們會怎麼說？「喔，有啊，他一早就開車出門去了。去哪裡喔？不知道耶，就很忙。」看來，你的家人、朋友或同事，根本不知道你在幹什麼。

你去看看每一個人，多數人的狀態都很讓人看不懂。他們從白天忙到晚上，從賣這個到賣那個，每一人都覺得自己是在極度IN的狀態，忙死了。可是他的朋友圈其實不清楚他在幹什麼，好像在賣皮鞋，又好像在做保險，聽說是在做直銷，可是他明明是個上班族……，所以他到底在幹什麼呢？就很忙。這樣的狀態是混亂的，你的能量場如何能發揮出好的效益呢？他人感受不對，你的狀態就不對。你跟我說你在做保險，結果我們這些朋友都以為你在賣酒，因為我覺得你投入在喝酒的時間比做保險還多。

一個月一個代表作，持續三年，你將脫胎換骨。

一旦你的狀態明確，你身邊的朋友們都會為你送出祝福，他們更希望你能成功。你根本不用煩惱業績這種事情，交給你身上的能量場就可以了，你就專注的去拜訪客戶，在你自己訂下的時間內，維持你的狀態，給自己一些時間，你就會看到效果了。

很多人整天盯著牆上看著自己的業績，心裡急著：「怎麼還看不到效果呢？」請不要一直用腦袋去看你現在的情況，這麼做只會讓你越來越焦慮。你不要管到底業績出來了沒，請保持狀態，就這麼簡單。如果你相信你身上是有能量場的，你應該交給祂來幫助你完成。

「只要我投入了，他人感受對了，業績就會自己跑出來？怎麼可能！」多數人第一時間只會用頭腦急著否定，放棄了一億倍能量場的力量，好可惜啊。能量場會這麼混亂，就是因為一直在用腦，最後還是決定聽從腦袋去幫我們達成目標。腦袋當然可以解決問題，但也製造了更多的問題，讓我們全身是毒。我們人明明就是能量，狀態不對，好的能量永遠接近不了你。

你只有一分鐘的時間寫下你的年度目標，這意味著，對你來說這個目標才是最重要的，你腦袋已經告訴你接下來的這一年，在你的人生當中，不會有其他的事情比你這一分鐘寫下來的還要重要。

你這一年只要專心完成這一個目標即可，其他旋繞在你心中的這些那些都可以擺著，因為死不了人，會覺得快要死人，是因為**我們早已習慣去煩惱很多根本都不會發生的事情，但我們就是不放心，老是要將這些煩惱掛在心頭，我們的目標被這些俗事插隊了，最後遙遙無期，不了了之。**

如果你真覺得那些事情很重要，為何沒有將這件事情給寫上年度最重要的紙上呢？因為你只有一分鐘的關係嗎？如果給你一整個晚上或一個星期去寫年度計畫，相信我，我們最愛編織美夢了，時間一充足包管你什麼全寫上了，但是你什麼都達不到。我們就是對自己太有信心了，一年過去之後，這一年的真實性就是，不知道在幹什麼的一年。

生命如此寶貴，給自己一年的時間去完成一件事情，好好的、專心的交出一個代表作。專注做好一件事情就好，你可能無法想像，自己將會在三、五年之後脫胎換骨。我們還在異想天開，認為自己有足夠的時間與本事既做這個又做那個，我們自己狀態混亂，把五毒請進了能量場，每一人都在混亂。

一年的目標用一分鐘完成，那麼，一個月的目標，請你用十秒鐘完成。拿起筆來，寫出這一個月你想完成的目標，記住，你只有十秒，當你提起筆，你會知道你該寫出什麼樣的目標。那十秒鐘寫下的目標，就是你這個月必須全力以赴去完成的。

我不知道你是不是真的拿起筆去寫下來了，讓我們來做一個實驗，看看這個目標是不是真的值得期待，還是你又是寫爽爽的？請你想一想，你將為這個月的目標投入多少時間去完成？

這個月多賺五千元或者多賺一萬元，是可能的嗎？想在這個月好好修復跟老公或老婆的關係？想要新增三十位客戶？只要是你想的目標都可以啊！但你只有十秒鐘，你自己會知道，現在占據你腦袋的，你認為最重要的事情是什麼，你會很自然就把它寫出來。這就是你此時此刻最在意、最希望的事。

很多人寫完之後會扼腕的說：「唉呀，我剛剛還漏寫了什麼。」你只有十秒，所以絕對不是你漏寫，而是因為它不在你的排名順序之內。沒有寫下來不代表要放棄，而是讓你知道，你所謂漏寫的這件事情其實沒那麼重要，潛意識已經幫你作出了輕重緩急的決定，你只要專注在你所寫的目標上頭即可。

設定目標只要分秒，剩下的時間全要拿來身體力行。

明明你現在跟你老婆、老公、親子的關係，到了不能不處理的狀態，既然如此，你應該就會寫下你想處理關係這件事情。但是，你卻寫下了業績要突破二十萬，這是什麼意思呢？這表示此刻你的心理狀態確實被某些關係給牽絆著，但你最想做的事情是提升業績。所以，要是沒有這十秒鐘寫出的目標，多數人這個月會怎麼過？

多數人會花時間在處理糾結許久的關係，老婆、老公、親子關係，但是因為自己的狀態一團亂，等這一個月過去了，關係並沒有如當初所期待的進展，業績更是慘不忍睹。一個月過後，我們讓自己越來越混亂了，這樣的能量狀態只會讓自己更加糾結。明明想要好好完成一件事情，一個月過去，卻一事無成，想必一年也是如此過，然後就這樣過了一生。**這就是多數人永遠沒有活在當下，永遠分不清輕重緩急的人生狀態。**

給你五天寫下這個月的目標，結果你交出了一份讓自己相當滿意的目標清單，自己看完都笑得合不攏嘴。若時間改成十秒，很奇怪的是，許多你所期待的美夢，竟然一個一個被刪除了，因為你知道，這一個月內，是不可能對這些美夢的目標有任何期待的。既然如此，為何要花那麼多時間去寫它呢？這就是欺騙自己、欺騙他人。

十秒鐘想出來的目標，剩下的時間都要拿來身體力行的，你會越來越往焦點前進，會發現，哇！人生一直前進的感覺真好。我遇過一個學生，他真的在十秒之內寫了六、七項，我說你好棒可以寫這麼多，那現在改成兩秒，你會寫下哪幾個呢？專心做一兩件事情就好，這樣才會帶來真正的效果。

人生啊，在一個特定的時間內，能夠完成一件事情就已經很完美了。寫了這麼多，哪有這麼多時間練習跟執行呢？我們要懂得割愛，懂得放下，每一樣都捨不得刪除，每一樣都做不到。每一樣都得透過身體力行去練習，很快的，我們的生命藍圖就會拚出一個框架了。

你心裡擔憂、預設的那些問題，過了三十天之後，早有了不同的發展，那些擔憂都不會再是困擾，很多心中糾結的問題，竟會自動消失。

我們就是不懂這些宇宙法則，天天都處在煩惱、焦慮、緊張的狀態，你看看，你真是白擔心了。我們的生命就是每天在上演這些白擔心的戲碼，拖著、撐著、浪費著，不斷在那邊耗電、空轉，繼續這樣下去，你能期待這一個月內有什麼真實性嗎？如果連被你選為最重要的，這個十秒內寫出來的目標，你都無法完成，你真的會期待第二個目標、第三個目標嗎？

人性就是這樣，很多人過沒多久就跑來跟我說，這個月、這一季，或者過去這大半年，他們實在發生了太多事情：「你知道嗎？我老公（老婆）怎麼了、我爸媽怎麼了、我主管怎麼了⋯⋯，所以我最重要的事情都沒能做好，該怎麼辦才好？」

每個人都會有一堆事情出現在眼前，不只你會有狀況，但為什麼你會被狀況困住，忘了專注在自己的事件上呢？只是要大家在一個月內，專注執行自己設定的目標，卻總是有這麼多人無法完成，我們的生命不能這樣子一直重複下去，這習氣真的太可怕了。

狀態對了，目標就清晰可見，心想事成是遲早的事。

我想要創業、我想要把這一組保養品賣給我的同學、我想要買一間房子、我想要多賣兩台車子、我想要多拜訪三十個客戶……，只要你這個月的目標出來了，然後讓自己專注在這個目標，三十天就好。我實在不懂，為什麼這麼短的時間，我們連自己訂下的目標、許下的願望都能隨時更改或者放棄？到最後，藉口一堆，然後全都是都是別人的問題，害自己沒有辦法完成。我對這些人真的感到無能為力，他們身上的毒素太強，我只能將這些人交給老天爺來處理，老天爺最厲害。

關於目標設定，除了你內心夠強大，你還必須要有很強烈的企圖心，而且要投入相對的執行密度。可是很多人永遠都有一堆事情，奇怪的是，你每次看他，他都會告訴你那個誰誰誰因為怎麼了，好像非要他去處理不可，所以他沒有達到目標是情有可原的。這類人老是為自己的選擇卸責，我們又何須在意他原地踏步呢。

為什麼別人都不會發生一堆事情，而你身邊永遠有一堆人、一堆事會跑出來？這類人都會告訴你，因為他們負責任、希望一切圓滿，可是你看到的分明是一個到處抱怨的人，然後沒有一件事情是圓滿的，好分裂啊！

在這個月內，請你務必只做跟你目標有關的事情，因為你達到了目標，你看到也發現你真的達到了，你才會獲得真實性。除了達成目標，很多你本來擔心的事情也沒有惡化，也沒有像你擔心的那樣。唯一不一樣的就是，你的目標達成了。

於是你開始感受到真實性，這才會為你帶來真實的記憶，你才能有好的記憶供你提取。不然你提取的都是：「老公又沒回來了、老婆又不接電話了、我爸媽又在找我麻煩了、小孩又不聽話了、我業績又沒達成了……」因為你腦袋裡也確實只有這些記憶，所以你的能量場只能為你創造出這些。你真正想要的都沒去完成，就這樣日復一日，一年復一年。

很多學生花了一堆錢去上課，構思了好多天終於設計完夢想板，寫出了目標，但為什麼都無法達成？因為那是應付，做出來的！狀態不對。為了交作業而寫出來的目標，給予的時間太多，讓腦袋天馬行空的胡思亂想，神經傳遞出去的信號，相對不夠誠懇，大腦如何會當真。

「你說你的腦袋裡有十件事情要完成，但你卻沒意識到，**長年以來，你連腦袋覺得最重要的事情都無法完成，又怎麼去完成其他事情？**現在才跑來問我該怎麼辦？快把其他九件事情都給刪除掉吧！」

「啊？什麼，不行啊！這九件事情都很重要，我沒有辦法不去理會這些事情，我怎麼能這樣做呢。」

「好吧！那你告訴我，怎麼樣才是最好的？」

「或許，再給我多一些時間吧。」

「你上次不也是這樣跟我講嗎？大半年過去了，時間還是不夠嗎？那就再給你一年好了，你等著看，這些問題還是一樣，會一直存在著。根本不是時間的問題，我給的建議你既然不覺得有效，你只覺得是時間不夠，那又何必急著跑來問我呢？你的野心太大，目標設定有問題，分不清重要與否，所以根本不值得期待。你自己都知道，這十件事情不可能在有限的時間內完成，你明知道問題在哪裡，但卻硬要抓著這十件事情不放，意義何在？」

太多人把「目標完成」這件事情搞得很困難，對我來說，它只是一個選擇，決定了，就開始專注、心無旁鶩的去完成，就是這樣的一個過程而已。

目標設定最好能有明確的時間與數字，例如，在兩個星期內拜訪五十個客戶、賺十萬元、維持二十個舊客戶的關係等等。你不要去管業績怎麼了，用你身上的能量場來幫助你，你唯一要做的就是進入專注的狀態，朝目標邁進。不要等到你的能量場已經開始協助你了，你卻跑去唱歌喝酒，跟人約喝下午茶，然後見面就抱怨，甚至跟同事聊公司的八卦、主管的不是。這些都顯示你多數的時間都不在狀態內，這要怪誰？

很多人每次設定目標，都是胡亂設定，大腦知道主人在亂寫，因為主人的狀態不對，因為主人每一次都這樣隨便。主人的狀態是這樣，能量場又何必當真？

你狀態到底對不對？問問你的老公、你的老婆、你的父母還有跟你最親近的人，他們會給你答案。問題是，你敢問他們嗎？又，他們會給你什麼答案？其實你很清楚，那又何必問。狀態會導致目標不能達成，而你還在怪東怪西。只要你準備好了，不用擔心什麼，現在就可以上路，隨時都能起飛。

如果沒有給自己時間、數字，這個空間就會亂七八糟。

祝福大家學會設定好輕重緩急目標，擁有良好的關係，打造自己的量子能量場，人人都能擁有輕易上手，心想事成的本事。

游祥禾

每天練習，成為更好的自己

只有承認自己的無知與錯誤，才是內心力量最強大的人。

作　　者／游祥禾
責任編輯／張雅惠
美術編輯／申朗創意
企畫選書人／賈俊國

總 編 輯／賈俊國
副總編輯／蘇士尹
編　　輯／高懿萩
行銷企畫／張莉榮・黃欣・蕭羽猜

發 行 人／何飛鵬
法律顧問／元禾法律事務所王子文律師
出　　版／布克文化出版事業部
台北市中山區民生東路二段 141 號 8 樓
電話：(02)2500-7008 傳真：(02)2502-7676
Email：sbooker.service@cite.com.tw
發　　行／英屬蓋曼群島商家庭傳媒股份有限公司城邦分公司
台北市中山區民生東路二段 141 號 2 樓
書虫客服服務專線：(02)2500-7718；2500-7719
24 小時傳真專線：(02)2500-1990；2500-1991
劃撥帳號：19863813；戶名：書虫股份有限公司
讀者服務信箱：service@readingclub.com.tw
香港發行所／城邦（香港）出版集團有限公司
香港灣仔駱克道 193 號東超商業中心 1 樓
電話：+852-2508-6231　　傳真：+852-2578-9337
Email：hkcite@biznetvigator.com
馬新發行所／城邦（馬新）出版集團 Cité (M) Sdn. Bhd.
41, Jalan Radin Anum, Bandar Baru Sri Petaling,
57000 Kuala Lumpur, Malaysia
電話：+603- 9057-8822　　傳真：+603- 9057-6622
Email：cite@cite.com.my
印　　刷／卡樂彩色製版印刷有限公司
二　　版／ 2021 年 09 月
增訂版 1.5 刷／ 2021 年 12 月
定　　價／ 340 元
I S B N ／ 978-986-0796-40-7
E I S B N ／ 978-986-0796-39-1(EPUB)

城邦讀書花園　布克文化
www.cite.com.tw　WWW.SBOOKER.COM.TW